Sophie de Mullenheim

Das große Buch der 500 FRAGEN UND ANTWORTEN

Illustriert von Kristine Ortmeier

INHALT

DAS WELTALL

HAT DAS WELTALL EINEN ANFANG?

Forschende glauben, dass das Weltall am Anfang nicht größer als ein Stecknadelkopf war! Dieser winzige Punkt explodierte eines Tages in einem riesigen Knall – dem sogenannten Urknall. Dabei setzte sich Materie frei. Das Weltall war geboren.

WELCHER STERN IST DER ERDE AM NÄCHSTEN?

Die Sonne! Sie ist nämlich ein Stern. Zusammen mit der Erde und den sieben anderen Planeten, die sie umkreisen, bildet sie das Sonnensystem. Die Sonne spendet allen Planeten ihr Licht.

WOFÜR STEHT DIE ZAHL 9.460.730.472.581?

Das ist ein Lichtjahr, also die Strecke in Kilometern, die das Licht in einem Jahr zurücklegt. Die Entfernungen im Weltall sind so groß, dass sie nicht in Kilometern, sondern in Lichtjahren gemessen werden.

WIE GROSS IST DAS WELTALL?

Das Weltall ist sehr groß. Riesig. Unendlich. Und viele Forschende glauben, dass es sich immer weiter ausdehnt.

WIE KANN MAN SICH DIE NAMEN DER ACHT PLANETEN DES SONNENSYSTEMS MERKEN?

Mit dem Satz „Mein Vater erklärt mir jeden Sonntag unseren Nachthimmel". Die Anfangsbuchstaben der einzelnen Wörter sind auch die Anfangsbuchstaben der acht Planeten unseres Sonnensystems: Merkur, Venus, Erde, Mars, Jupiter, Saturn, Uranus und Neptun.

WER HAT DEN PLANETEN IHRE NAMEN GEGEBEN?

Die Menschen des Altertums kannten bereits fast alle Planeten und benannten sie nach ihren Göttern. Der Jupiter etwa trägt den Namen des wichtigsten Gottes der Römer und der Mars ist nach ihrem Kriegsgott benannt.

WO BEGEGNET MAN GLEICHZEITIG EINEM HANDSCHUH, EINEM SCHRAUBENZIEHER UND HERUMFLIEGENDEN RAKETENTEILEN?

Im Weltraum, auf der Umlaufbahn der Erde! Das sind drei der Schrottteile, die Menschen dort bei Missionen im All hinterlassen haben. Seitdem kreisen sie um unseren Planeten. Die Trümmer sind eine große Gefahr, wenn sie zum Beispiel mit rasender Geschwindigkeit mit einem Satelliten kollidieren.

ERFORSCHEN ASTROLOGEN DIE PLANETEN?

Nein. Menschen, die die Planeten, die Sterne und das Weltall wissenschaftlich erforschen, werden Astronomen und Astronominnen genannt. Astrologen und Astrologinnen hingegen glauben, dass sie mithilfe der Sterne die Zukunft vorhersagen können. Das ist ein gewaltiger Unterschied!

WIE LANGE BRAUCHT DIE ERDE, UM DIE SONNE ZU UMRUNDEN?

365 Tage, also ein Jahr. Merkur, der Planet, der der Sonne am nächsten ist, braucht für eine Umrundung nur 88 Tage. Neptun ist am weitesten entfernt. Er benötigt 60.224 Tage. Das sind fast 165 Jahre!

WELCHE FARBE HAT EIN STERN?

Gelb, weiß, blau oder rot. Die Farbe hängt von der Temperatur des Sterns ab. Blaue Sterne sind am heißesten. Rote Sterne sind am kältesten. Sie haben aber trotzdem Temperaturen zwischen 2.500 und 3.000 Grad Celsius!

WAR DIE ERDE MAL EINE SCHEIBE?

Natürlich nicht! Ganz früher haben Menschen das geglaubt, aber schon in der Antike, also zur Zeit der alten Griechen und Römer, erkannten sie, dass die Erde eine Kugel ist. Im 3. Jahrhundert vor Christus wurde bereits ihr Umfang genau berechnet. Lange wurde behauptet, dass die Menschen im Mittelalter dachten, die Erde sei flach – das stimmt nicht!

WO BEFINDET SICH DER HÖCHSTE BERG UNSERES SONNENSYSTEMS?

Auf dem Mars. Der Olympus Mons (das ist Latein und bedeutet „Berg Olympus") hat eine Gipfelhöhe von über 22.000 Metern. Damit ist er mehr als doppelt so hoch wie der Mount Everest, der mit 8.848 Metern höchste Berg der Erde!

WARUM WIRD DIE VENUS AUCH ALS MORGEN- ODER ABENDSTERN BEZEICHNET?

Nach der Sonne und dem Mond ist die Venus das hellste Objekt am Himmel. Tief in der Nacht ist sie aber nicht zu sehen, dafür ist sie zu nah an der Sonne. Besonders gut sieht man sie in der Abenddämmerung und vor Sonnenaufgang, deshalb wird sie auch Abend- oder Morgenstern genannt – sehr zum Ärger von Astronomen und Astronominnen. Die Venus ist nämlich kein Stern, sondern ein Planet. Das erkennt man daran, dass sie nicht allein leuchten kann, wie Sterne es tun, sondern angeleuchtet wird.

LEUCHTEN DIE STERNE AUCH AM TAG?

Die Sterne leuchten immer, auch tagsüber. Aber das Licht der Sonne ist am Tag so hell, dass wir sie nicht sehen können.

WARUM GIBT ES AM HIMMEL EINEN WAGEN?

Um die tausend und abertausend Sterne auseinanderhalten zu können, haben sich die Menschen schon vor Jahrtausenden ein System ausgedacht und die Sterne durch gedachte Linien zu Mustern verbunden. Diese Muster heißen Sternbilder. Das Sternbild „Großer Bär" (oder „Ursa Major") besteht aus gut 100 Sternen. Sieben Sterne darin leuchten besonders hell. Das ist der „Große Wagen".

WIE ALT IST DAS WELTALL?

Das Weltall ist schon unglaublich alt: gut 13,8 Milliarden Jahre!

WELCHER IST DER GRÖSSTE SATELLIT, DER DIE ERDE UMKREIST?

Das Wort „Satellit" kommt aus dem Lateinischen und bedeutet „Begleiter". Der größte Satellit der Erde ist der Mond. Er ist auch ihr einziger natürlicher Satellit. Die künstlichen Satelliten, die mit Raketen ins Weltall geschossen werden, sind viel kleiner. Andere Planeten haben mehrere natürliche Satellitenmonde. Der Mars hat zum Beispiel zwei.

WARUM BRAUCHT MAN AUF DEM NEPTUN EINE MÜTZE?

Eine Mütze würde nicht reichen, denn auf dem Neptun ist es eisig kalt. Da er so weit von der Sonne entfernt ist, herrschen dort Temperaturen von unter -200 Grad Celsius! Doch da der Neptun aus Gasen besteht, können wir ohnehin nicht auf ihm stehen. Also lass die Ski-Jacke im Schrank.

STIMMT ES, DASS STERNE STERBEN?

Wir sagen, dass ein Stern stirbt, wenn er erlischt. Meistens können wir ihn danach trotzdem noch lange sehen, denn die Sterne sind so weit von der Erde entfernt, dass es Milliarden Jahre dauert, bis ihr Licht hier ankommt. Es kann also sein, dass ein am Himmel funkelnder Stern schon längst tot ist.

WIESO SCHWEBT MAN IM WELTALL?

Auf der Erde werden Menschen und Gegenstände von der Schwerkraft angezogen. Im Weltall gibt es keine Schwerkraft. Deshalb schwebt alles frei herum, was nicht gut festgemacht ist.

WOFÜR STEHT DAS KÜRZEL ISS?

ISS ist die Abkürzung für *International Space Station*. Das ist Englisch und bedeutet „Internationale Raumstation".

GIBT ES WIRKLICH EIN FITNESSSTUDIO AUF DER ISS?

Weil die Astronauten und Astronautinnen in der Schwerelosigkeit nicht so viel arbeiten müssen, um sich bewegen zu können, verlieren sie Muskelmasse und Kraft. Um das zu verhindern, haben sie auf der ISS unter anderem ein Fahrrad und ein Laufband.

WER WAR DER ERSTE MENSCH IM WELTALL?

Der Russe Juri Gagarin. Er umrundete 1961 als erster Mensch in einem Raumschiff die Erde. Der Flug dauerte etwas weniger als zwei Stunden – was für eine Leistung!

WAS IST EINE HUMANZENTRIFUGE?

Die Humanzentrifuge ist eine riesige Maschine, mit der Astronauten und Astronautinnen an die extremen Bedingungen, denen sie im Weltall ausgesetzt sind, gewöhnt werden. Sie dreht sich mit einer irren Geschwindigkeit. Übelkeit garantiert!

WELCHE TIERE LEBEN IM WELTALL?

Nach dem aktuellen Wissensstand keine außerhalb der Erde. Aufgrund der gefährlichen kosmischen Strahlung und des fehlenden Sauerstoffs ist ein Leben im Weltall unmöglich.

WIE LANGE DAUERT DIE REISE VON DER ERDE ZUR SONNE?

Eine Reise von der Erde zur Sonne würde mehr als drei Jahre dauern. Allerdings wären die Astronauten und Astronautinnen aufgrund der hohen Temperaturen längst geröstet, lange bevor sie ihr Ziel erreicht hätten.

WELCHE GERÄUSCHE MACHT DAS WELTALL?

Im Weltall gibt es keine Luft, deshalb können sich Schallwellen nicht ausbreiten. Aber die Planeten und Sterne spielen ultraniedrige Frequenzwellen von Klängen. Menschen können sie nur mit speziellen Geräten hören.

WIE VIELE MENSCHEN WAREN SCHON AUF DEM MOND?

Bislang waren zwölf Menschen auf dem Mond – alles Männer und US-Amerikaner. Der berühmteste von ihnen heißt Neil Armstrong. Am 21. Juli 1969 betrat er als erster Mensch der Welt den Mond. Aber vielleicht erhöht sich die Zahl bald, denn weitere Reisen zum Mond sind geplant.

WER IST DENNIS TITO?

Der US-Amerikaner Dennis Tito war der erste Weltraumtourist der Raumfahrtgeschichte. Er flog im Jahr 2001 für acht Tage zur ISS. Der Preis für diese Reise betrug 20 Millionen Dollar. Das sind etwa 18 Millionen Euro.

SIND AUSSERIRDISCHE GRÜN?

Bislang wurden noch keine Außerirdischen entdeckt. Die Idee, dass sie grün sein könnten, stammt von den ersten Fotos der Marskanäle, das sind feine Linien auf dem Mars. Diese Aufnahmen waren so schlecht, dass es durch den Schatten aussah, als befänden sich Gesichts- und Handabdrücke auf dem Mars. Die Farbe kommt durch die jahreszeitliche Umfärbung des rötlichen Mars in einen Grünton.

DIE ERDE

WANN IST DIE ERDE ENTSTANDEN?

Vor etwa 4,5 Milliarden Jahren! Es ist etwas aufwendiger, das Alter der Erde herauszufinden, als die Kerzen auf einem Geburtstagskuchen zu zählen. Bis Forschende sich auf ein Alter festlegen konnten, dauerte es deshalb 400 Jahre voller Berechnungen.

WARUM WIRD DIE ERDE „DER BLAUE PLANET" GENANNT?

Weil die Erdoberfläche zu knapp drei Vierteln von Wasser bedeckt ist. Geringe Mengen Wasser erscheinen uns unsichtbar, doch ab einer gewissen Tiefe sieht es für uns blau aus. Aus dem Weltall erscheint die Erde darum vor allem blau.

WIE SCHWER IST DIE ERDE?

Die Erde wiegt etwa 6.000 Trilliarden Tonnen! Das ist eine 6 gefolgt von 21 Nullen.

WIE ALT SIND DIE INSELN?

Manche Inseln sind schon sehr alt, während andere gerade erst entstanden sind. Die neueste Insel entstand 2023 im Pazifischen Ozean an der Küste von Japan. Sie tauchte durch einen unterirdischen Vulkanausbruch auf.

WIE SAH ES AUF DER ERDE KURZ NACH IHRER ENTSTEHUNG AUS?

Zu Beginn war die Erde ein unförmiger heißer Klumpen, der sich wahnsinnig schnell drehte. Ständig schlugen Gesteinsbrocken in sie ein, wodurch sie langsam runder wurde. Irgendwann riss ein gigantischer Himmelskörper ein Stück der Erde ab – den Mond. Durch seine Anziehungskraft verlangsamte sich die Erde und bekam ihre heutige kartoffelartige Form.

WARUM GIBT ES KEIN EINHEITLICHES KLIMA AUF DER ERDE?

Die Erde dreht sich langsam um sich selbst. Weil ihre Achse leicht geneigt ist, treffen die Sonnenstrahlen an unterschiedlichen Orten in verschiedenen Winkeln auf ihre Oberfläche. Am Äquator treffen die Sonnenstrahlen fast senkrecht auf den Boden, sodass es dort extrem warm ist. An den Polen fallen die Strahlen sehr flach ein, deshalb ist es dort kalt.

HINGEN DIE KONTINENTE EINMAL ZUSAMMEN?

Vor 300 Millionen Jahren gab es nur einen einzigen großen Kontinent: Pangaea. Alle Kontinente waren in diesem Superkontinent vereint. Dann zerbrach Pangaea und im Laufe der Zeit drifteten die Kontinente auseinander.

WIE VIELE ERDBEBEN GIBT ES PRO TAG AUF DER ERDE?

Hunderte! Die meisten davon sind jedoch so schwach, dass wir Menschen sie nicht einmal bemerken. Mit speziellen Geräten können sie aber gemessen werden.

WAS IST DER MONSUN?

Der Monsun ist eine Luftströmung. Er kommt in den Tropen und Subtropen vor. Dort ist die Luft über dem Meer besonders feucht, und wenn sie über das Land fegt, gibt es heftigen Regen. Am häufigsten gibt es den Monsun in Indien, Südostasien sowie Zentral- und Ostafrika. In diesen Bereichen wird nicht zwischen Jahreszeiten unterschieden, sondern zwischen Trocken- und Regenzeiten. Wenn der Monsun zu heftig ist, gibt es Überschwemmungen, und wenn er zu schwach ist, wird es zu trocken.

WAS BEFINDET SICH IM INNEREN DER ERDE?

Im Erdinneren befindet sich eine riesige Kugel aus Eisen und Nickel. Das ist der Erdkern. Er ist extrem heiß und fest.

WARUM IST ES AN DEN POLEN MANCHMAL NACHTS HELL?

Da die Erdachse geneigt ist, erreichen die Sonnenstrahlen die Pole nicht das ganze Jahr über. Daher ist es am Nordpol im Sommer die ganze Zeit über hell, sogar in der Nacht. Dafür ist es im Winter auch tagsüber dunkel. Am Südpol ist es genau umgekehrt.

WARUM BEBT DIE ERDE?

Ein Erdbeben ist ein Zittern des Erdbodens. Das kann verschiedene Gründe haben. Auf der Erde liegen riesige Platten, auf denen sich die Kontinente befinden. Diese Platten bewegen sich, wobei Spannung und Energie entsteht. Werden die Spannungen zu groß, lösen sich die Platten und die Erde bebt. Die Erde kann auch beben, wenn ein Vulkan ausbricht oder ein großer Gesteinsbrocken aus dem All auf sie fällt. Auch Menschen können Erdbeben verursachen, wenn sie zum Beispiel zu tief bohren oder etwas Großes explodieren lassen.

WAS IST DER ÄQUATOR?

Der Äquator ist eine gedachte Linie, die einmal um die Erde reicht und sie in zwei Hälften teilt: die Nord- und Südhalbkugel. In Südamerika läuft der Äquator direkt durch ein Land namens Ecuador. Das ist spanisch für Äquator. „Äquator" selbst wiederum ist Latein und bedeutet „Gleichlinie".

WAS IST EIN TSUNAMI?

Eine Flutwelle, die im Meer entsteht und auf die Küste trifft. Meistens wird sie durch ein Seebeben ausgelöst. Das ist ein Erdbeben auf dem Meeresgrund, das große Wellen verursacht, die sich ausbreiten. Seltener ist ein Vulkanausbruch der Grund. Auf dem Meer ist das Wasser sehr tief und man bemerkt die Welle kaum. Aber an der Küste ist das Wasser flacher. Die Welle muss in die Höhe ausweichen und baut sich zu einer riesigen Wasserwand auf. Trifft ein Tsunami auf Land, kann er große Schäden anrichten. „Tsunami" ist japanisch für „Hafenwelle".

WIE HEISST DER GRÖSSTE VULKAN DER ERDE?

Der höchste aktive Vulkan der Erde ist der Mauna Loa.
Das ist hawaiianisch und bedeutet „Langer Berg".
Er gehört zu den hawaiianischen Inseln.

WAS IST DER PAZIFISCHE FEUERRING?

Ein Vulkangürtel mit mehr als 450 Vulkanen, der
den Pazifischen Ozean von drei Seiten umringt.

WIE HEISST DER AKTIVSTE VULKAN DER ERDE?

Der Vulkan Kīlauea auf Hawaii spuckt seit fast
vierzig Jahren beinahe ununterbrochen Lava.

WIE VIELE AKTIVE VULKANE GIBT ES?

Es gibt weltweit etwa siebzig Vulkane,
die regelmäßig ausbrechen. Insgesamt gelten 1.500
Vulkane als aktiv. Sie werden ständig überwacht,
um Anzeichen eines bevorstehenden Ausbruchs
früh erkennen zu können.

WO LIEGT DIE „TORNADO ALLEY"?

Als „Tornado Alley" (das ist Englisch und heißt „Torna-do-Gasse") wird ein bestimmter Bereich im Mittleren Westen der USA bezeichnet, in dem Tornados besonders häufig vorkommen – rund 1.000 pro Jahr!

WELCHE FARBE HAT DAS ROTE MEER?

Blau. Seinen Namen verdankt es vermutlich der Blaualge, deren Blüten sich rostrot färben. Sie blüht in unregelmäßigen Abständen und lässt das Wasser rötlich schimmern.

IST ES IN DER WÜSTE IMMER HEISS?

In der Wüste kann es auch extrem kalt werden, zum Beispiel nachts oder im Winter. Doch egal, ob heiß oder kalt: Menschen können hier nicht dauerhaft leben.

WORAN IST DAS TOTE MEER GESTORBEN?

Das Tote Meer ist ein See, der nur einen Zufluss, aber keinen Abfluss hat. Sein Wasser ist zehnmal salziger als Meerwasser. Um das Tote Meer herum ist es ziemlich heiß und trocken, Regen gibt es kaum. Entsprechend schnell verdunstet das zuströmende Wasser. Zurück bleibt das Salz. Seinen Namen hat das Tote Meer erhalten, weil in seinem salzhaltigen Wasser bis auf wenige Algen und Bakterien kaum Leben existiert.

WAS IST EINE MONSTERWELLE?

Monsterwellen sind besonders hohe Wellen. Sie entstehen, wie alle Wellen bis auf Tsunamis, durch Wind. Er schiebt den Seegang an, wobei sich immer größere Wellen bilden. Wenn Wind und Welle ungefähr gleich schnell sind, kann die Welle mächtig groß wachsen und sogar 30 Meter hoch werden. Manchmal treffen auch kleinere Wellen aufeinander und verbinden sich zu einer großen Welle.
An anderen Stellen ist die Geologie für die Riesenwellen verantwortlich, etwa durch unterirdische Canyons wie an der Küste der Stadt Nazaré in Portugal.

WIE ENTSTEHT SAND?

Sandkörner entstehen, wenn Kiesel über Jahrhunderte von Wind und Wasser abgeschliffen und in immer kleinere Teile zerbrochen werden.

WIE ENTSTEHEN EBBE UND FLUT?

Die Anziehungskraft des Mondes zieht das Wasser der Ozeane ein Stück weit in seine Richtung, so ähnlich wie ein Magnet. Gleichzeitig dreht sich die Erde um sich selbst, sodass das Wasser wie in einer riesigen Schüssel herumschwappt. Wenn das Wasser ansteigt, ist das die Flut, und wenn es abläuft, herrscht Ebbe. Beides zusammen nennt man „Gezeiten" oder „Tiden".

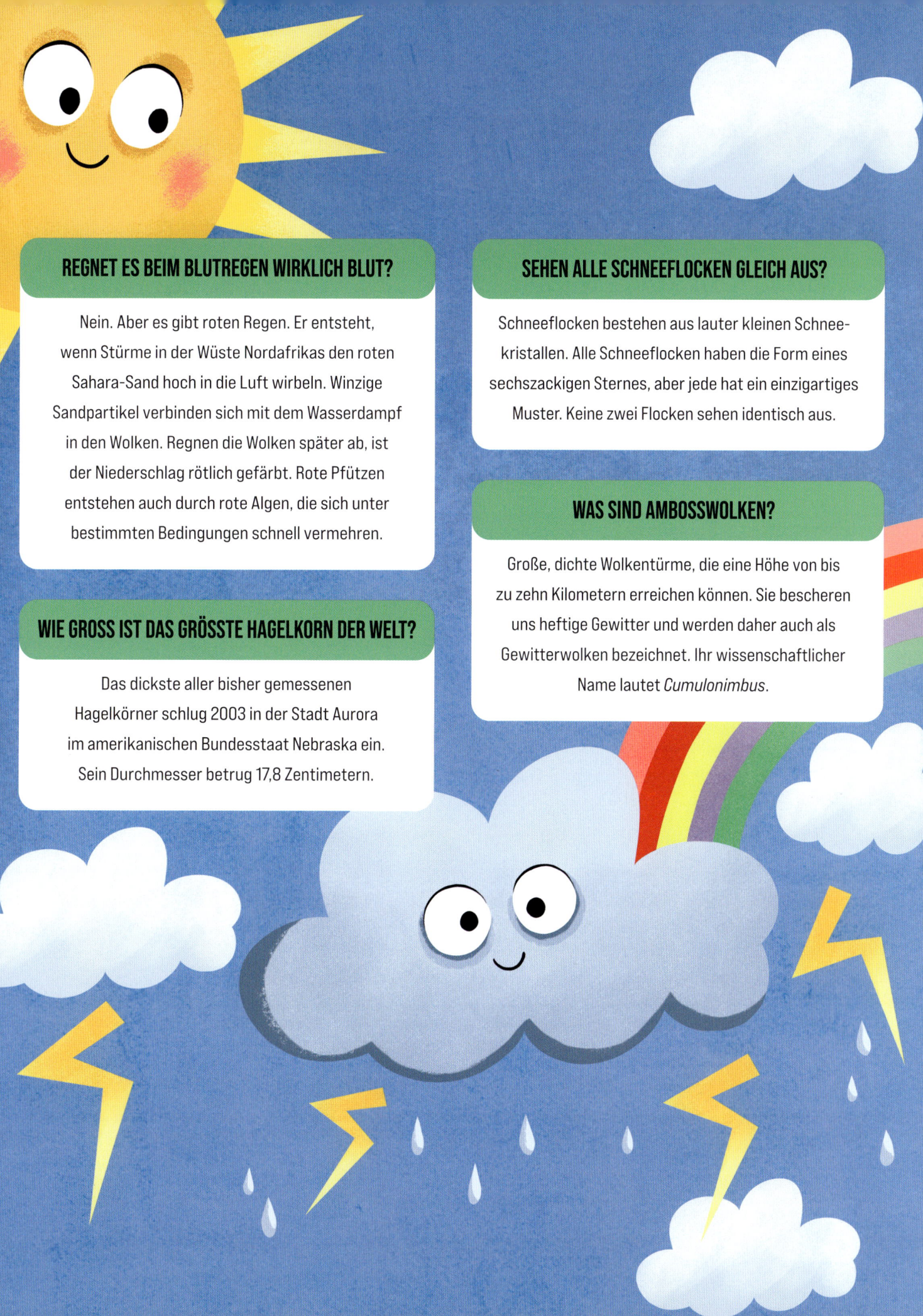

REGNET ES BEIM BLUTREGEN WIRKLICH BLUT?

Nein. Aber es gibt roten Regen. Er entsteht, wenn Stürme in der Wüste Nordafrikas den roten Sahara-Sand hoch in die Luft wirbeln. Winzige Sandpartikel verbinden sich mit dem Wasserdampf in den Wolken. Regnen die Wolken später ab, ist der Niederschlag rötlich gefärbt. Rote Pfützen entstehen auch durch rote Algen, die sich unter bestimmten Bedingungen schnell vermehren.

WIE GROSS IST DAS GRÖSSTE HAGELKORN DER WELT?

Das dickste aller bisher gemessenen Hagelkörner schlug 2003 in der Stadt Aurora im amerikanischen Bundesstaat Nebraska ein. Sein Durchmesser betrug 17,8 Zentimetern.

SEHEN ALLE SCHNEEFLOCKEN GLEICH AUS?

Schneeflocken bestehen aus lauter kleinen Schneekristallen. Alle Schneeflocken haben die Form eines sechszackigen Sternes, aber jede hat ein einzigartiges Muster. Keine zwei Flocken sehen identisch aus.

WAS SIND AMBOSSWOLKEN?

Große, dichte Wolkentürme, die eine Höhe von bis zu zehn Kilometern erreichen können. Sie bescheren uns heftige Gewitter und werden daher auch als Gewitterwolken bezeichnet. Ihr wissenschaftlicher Name lautet *Cumulonimbus*.

WIE VIELE METEORITEN FALLEN JÄHRLICH AUF DIE ERDE?

Meteoriten sind feste Körper aus dem All. Jedes Jahr treffen bis zu 84.000 von ihnen auf die Erdatmosphäre. Die meisten sind jedoch nicht größer als eine Kartoffel und verglühen beim Auftreffen sofort. Größere Brocken verglühen nicht ganz und versinken meistens im Meer. Wenn Meteoriten auf die Atmosphäre treffen, leuchten sie kurz hell. Den Lichtstrahl nennt man „Meteor" und das Geschoss „Meteoroid". Das, was wirklich auf die Erde gelangt, sind „Meteoriten". Ziemlich verwirrend, darum sagen die meisten Menschen einfach „Sternschnuppen".

WIE HOCH IST DER GRÖSSTE BERG DER ERDE?

Der Mount Everest ist mit 8.848 Metern so hoch wie ein Gebäude mit mehr als 3.300 Stockwerken! Er liegt im Himalaya-Gebirge in Asien zwischen Indien und China. Doch es gibt einen noch höheren Berg: Der Vulkan Mauna Kea auf Hawaii erreicht eine Höhe von 10.210 Metern. Allerdings liegen rund 6.000 Meter davon unter der Meeresoberfläche.

WIE GROSS IST DAS OZONLOCH?

Viel zu groß! Die Ozonschicht ist ein Schutz, der die Erde vor schädlicher Strahlung aus dem Weltall abschirmt. Sie schützt uns zum Beispiel vor UV-Strahlung. Ein Ozonloch befindet sich sowohl über der Antarktis als auch über der Arktis, ihre Größe verändert sich immer wieder.

WELCHES IST DER KÜRZESTE FLUSS DER WELT?

Es gibt verschiedene Städte, die behaupten, ihr Fluss sei der kürzeste. Allerdings ist nicht so ganz klar, was noch ein Fluss ist und was ein Bach. Das Guinness-Buch der Rekorde, das alle Weltrekorde offiziell festhält, hat diese Kategorie darum abgeschafft.

UND WAS IST DER LÄNGSTE FLUSS DER ERDE?

Der Nil in Afrika bricht mit ungefähr 6.695 Kilometern Gesamtlänge alle Rekorde. Das ist gut fünfmal so lang wie der längste Fluss Deutschlands, der Rhein. Er entspringt in den Bergen von Ruanda und Burundi und endet im Mittelmeer. Sein Weg führt ihn durch die Länder Burundi, Ruanda, Tansania, Uganda, Südsudan, Sudan und Ägypten.

KÖNNEN BERGE WACHSEN?

Weil sich die Kontinentalplatten verschieben, können Berge wachsen oder schrumpfen. Deshalb ist es schwierig, ihre exakte Größe anzugeben. Manche Berge können den Höhengewinn und -verlust ausgleichen und bleiben etwa gleich groß, andere nicht.

KÖNNEN SICH GLETSCHER BEWEGEN?

Durch ihr eigenes Gewicht schieben sich
die Gletscher langsam talabwärts.
Ihre Geschwindigkeit kann ganz unterschiedlich
sein und reicht von wenigen Metern bis zu einigen
Kilometern im Jahr. Der „schnellste" Gletscher
der Welt ist der Sermeq Kujalleq in Grönland.
Pro Tag fließt er 46 Meter meerwärts. Damit ist
er langsamer als eine Schnecke!

FUNKELN DIAMANTEN IMMER?

Ein Rohdiamant ist ein Diamant in seiner Ursprungs-
form, also ungeschliffen und unbearbeitet. Er sieht
eher langweilig aus, wie ein milchiger Kieselstein.
Erst die Bearbeitung durch einen Diamantschleifer
verleiht ihm seine funkelnde Schönheit.

WELCHER SEE ENTHÄLT DAS MEISTE SÜSSWASSER?

Der Baikalsee in Sibirien im asiatischen Teil Russlands.
Er ist zwar nicht der größte See der Welt, aber der
tiefste und enthält deshalb am meisten Wasser.

GIBT ES NOCH ERDÖL UNTER DER ERDE?

Ja, vor allem im Meeresboden. Es zu fördern,
ist allerdings nicht immer möglich und riskant,
denn es ist giftig, und wenn es ins Wasser gelangt,
ist das lebensgefährlich für Menschen, Tiere und
Pflanzen. Erdöl ist begrenzt, eines Tages wird
es aufgebraucht sein.

WAREN DIE MENSCHEN SCHON ÜBERALL AUF DER WELT?

Bei Weitem nicht. Zum Beispiel sind bislang nur
rund fünf Prozent der Ozeane erforscht. Die lichtlosen
Bereiche ab etwa 200 Metern sind von zahlreichen
unbekannten Lebewesen und Mikroorganismen
bewohnt. Ebenso gibt es riesige Gebiete im
Regenwald, die noch nie ein Mensch betreten hat.
Sogar über das, was sich unter unseren Füßen
befindet, wissen wir so gut wie nichts.
Der Weltraum ist besser erforscht als die Tiefen
unserer eigenen Erde!

DIE PFLANZEN

WELCHER WALD IST DER GRÖSSTE DER WELT?

Das größte Waldgebiet der Erde ist die Taiga, eine besondere Art von Nadelwald. Sie erstreckt sich rund um den Nordpol über drei Kontinente: Europa, Asien und Amerika. Die Taiga macht etwa ein Drittel der weltweiten Wälder aus.

WIE VIELE NEUE PFLANZENARTEN WERDEN PRO JAHR ENTDECKT?

Ungefähr 18.000. Aber die Forschung geht davon aus, dass es noch etwa fünf Millionen unentdeckte Arten gibt. Das heißt, dass es selbst bei einem Tempo von 18.000 neu entdeckten Arten pro Jahr ganze 277 Jahre dauern würde, bis sie alle registriert und vor allem gefunden wären.

WIE BESTIMMT MAN DAS ALTER EINES BAUMES?

Wenn du dir den Stamm eines gefällten Baumes ansiehst, kannst du schon auf den ersten Blick die sogenannten Jahresringe erkennen. Wenn der Baum wächst, kommt jedes Jahr ein Ring dazu – ein Ring bedeutet ein Jahr. Um das Alter eines Baumes zu bestimmen, musst du also nur die Jahresringe zählen.

WO STEHT DER ÄLTESTE BAUM DER WELT?

In den White Mountains im amerikanischen Kalifornien. Hier stehen mehrere Bäume der Art „Langlebige Kiefer", die fast 5.000 Jahre alt sind. Der älteste von ihnen ist über 4.800 Jahre alt! Seine genaue Position ist nicht markiert, um ihn zu schützen.

WIE VIELE BLÜTENPFLANZEN GIBT ES?

Es gibt ungefähr 370.000 bisher bekannte, klassifizierte und eingeteilte Arten.

SIND ALGEN PFLANZEN?

Algen haben zwar einige Gemeinsamkeiten mit Pflanzen, zum Beispiel betreiben sie Fotosynthese. Aber es gibt auch große Unterschiede: Algen sind viel einfacher gebaut als viele Pflanzen und haben keine Wurzeln, Stängel oder Stämme. Deshalb werden sie meistens nicht zu den Pflanzen gezählt.

WELCHE BÄUME VERLIEREN IM HERBST IHRE BLÄTTER?

Laubbäume. Nadelbäume dagegen ersetzen ihre Nadeln ständig und sind immergrün. Nur die Nadeln der Lärche werden im Herbst goldgelb und fallen zu Boden.

WAS IST FOTOSYNTHESE?

Bei der Fotosynthese verwandeln grüne Pflanzen das Gas Kohlenstoffdioxid aus der Luft mithilfe von Sonnenenergie und Wasser in Glukose und Sauerstoff. So können Pflanzen wachsen. Auch für Tiere und Menschen ist die Fotosynthese wichtig, zur Ernährung und zum Atmen. Beim Ausatmen gelangt wieder Kohlenstoffdioxid in die Luft. So entsteht also ein ewiger Kreislauf.

WIE TRANSPORTIEREN BÄUME WASSER UND NÄHRSTOFFE IN IHRE BLÄTTER?

Baumwurzeln nehmen Wasser und gelöste Mineralstoffe aus dem Boden auf. Durch spezielle wasserdichte Röhren im Stamm gelangen diese Stoffe in die Zweige und Blätter der Bäume. Das Wasser wird übrigens mit Sonnenenergie nach oben gezogen.

WIE LANG SIND DIE WURZELN EINES BAUMES?

Bäume nehmen unter der Erde ziemlich viel Platz ein. Bei einigen Arten wachsen die Wurzeln tief in den Boden, bei anderen breiten sie sich flach unter der Erdoberfläche aus. Wie lang genau die Wurzeln sind, ist je nach Sorte ganz verschieden und kann von 20 Zentimeter bis 2 Meter reichen.

SIEHT DER DRACHENBAUM AUS WIE EIN DRACHE?

Nein, der Name hat andere Gründe. Wenn die Triebe dieser Bäume abbrechen, treiben sie neu aus. Dabei entstehen meist zwei oder mehr Triebe als vorher. Das erinnert an das legendäre Drachenwesen Hydra aus der griechischen Sage: Schlägt man ihm einen Kopf ab, wachsen zwei neue nach. Der zweite Grund für den Namen „Drachenbaum" ist, dass bei einer Verletzung am Stamm ein Saft austritt, der zu einer dunkelroten Flüssigkeit namens Harz gerinnt. Dieser Harz wird „Drachenblut" genannt.

WIE VIEL WASSER KANN EIN AFFENBROTBAUM SPEICHERN?

Affenbrotbäume oder auch Baobabs können bis zu 140.000 Liter Wasser speichern. Das sind etwa 1.000 Badewannen!

PRODUZIERT DER GUMMIBAUM WIRKLICH GUMMI?

Der Gummibaum oder Kautschukbaum produziert einen Milchsaft, der Kautschuk oder auch Latex genannt wird und aus dem Gummi hergestellt wird.

WO WACHSEN BONSAIBÄUME IN DER NATUR?

Nirgendwo. Bonsai ist der japanische Name für eine alte Gartenkunst und bedeutet etwa „in der Schale pflanzen". Dabei werden Bäume und Sträucher in Gefäßen oder auch im Freien von Menschen klein gehalten und in eine bestimmte Form geschnitten. In der Natur gibt es diese Bäume nicht.

WELCHE FARBE HAT EBENHOLZ?

Man sagt zwar, dass etwas „schwarz wie Ebenholz" sei, aber tatsächlich ist nur das innere Kernholz schwarz. Die äußeren Holzschichten sind deutlich heller.

WIE GROSS WIRD EIN MAMMUTBAUM?

Manche Mammutbäume können 115 Meter hoch werden. Das ist größer als die Freiheitsstatue in New York.

WARUM SOLLTE MAN SICH EINEM MANZANILLOBAUM NICHT NÄHERN?

Der Manzanillo- oder Manchinelbaum gilt als der giftigste Baum der Erde und wird auch das „Äpfelchen des Todes" genannt. Alles an ihm ist giftig: die Früchte, die Blätter, die Rinde, der Saft. Selbst wenn das Holz verbrannt wird, treten giftige Gase aus, die den Augen schaden können. Oft werden die Bäume mit einem X oder einem Schild markiert. Darum lieber fernhalten!

WELCHER PILZ GILT ALS GIFTIGSTER DER WELT?

Der Grüne Knollenblätterpilz. Schon der Verzehr von sehr kleinen Mengen kann zu Leberversagen und zum Tod führen. Vorsicht: Der Pilz ist in ganz Mitteleuropa verbreitet, auch in Deutschland. Sein Hut ist am Rand mehr oder weniger grün eingefärbt und es gibt auch ganz weiße Varianten, weshalb er mit essbaren Champignons verwechselt werden kann. Auch viele andere giftige Pilze sehen essbaren recht ähnlich, deshalb müssen alle gesammelten Pilze immer von Profis geprüft werden. Am besten also nur sichere Pilze aus dem Supermarkt oder vom Markt essen und nicht selbst pflücken.

WORAN ERINNERN DIE BLÄTTER DER AMAZONAS-RIESENSEEROSE?

An eine riesige Tortenplatte. Die Blätter erreichen einen Durchmesser von bis zu drei Metern. Der lateinische Name der Pflanze lautet *Victoria amazonica*, nach der ehemaligen britischen Königin Victoria. Ihre Blätter können ein Gewicht von ungefähr 60 Kilogramm tragen. Wow!

WIE GROSS IST DIE GRÖSSTE BLÜTE DER WELT?

Die rote Blüte der Riesenrafflesie nimmt gigantische Ausmaße an: Ihr Durchmesser kann bis zu einem Meter betragen! Doch geh nicht zu nah an sie heran – sie stinkt nach verwesendem Tier.

WIE SCHÜTZT SICH DIE MIMOSE VOR FRESSFEINDEN?

Sie klappt bei Berührung sofort ihre Blätter ein. Für hungrige Fressfeinde sehen die eingeklappten, scheinbar vertrockneten Blätter wenig appetitlich aus, sodass sie von ihr ablassen.

WAS IST DER VERRÜCKTESTE ORT, AN DEM SCHON MAL EINE TANNE GEKEIMT HAT?

Eine menschliche Lunge. Ärzte vermuten, dass der junge Russe, in dessen Lunge ein kleiner Tannenzweig gefunden wurde, einen Samen eingeatmet hat, der sich dann in seiner Lunge festsetzte und dort zu keimen begann. Wachsen kann dort aber nichts!

WIE GROSS IST DER GRÖSSTE PILZ DER WELT?

Ein Dunkler Hallimasch in Oregon in den USA erstreckt sich über eine Fläche von neun Quadratkilometern, das entspricht rund 1.200 Fußballfeldern. Damit ist er das größte Lebewesen der Welt! Er besteht aus vielen Pilzköpfen, den sogenannten „Fruchtkörpern", die alle zueinander gehören, doch der größte Teil seines gewaltigen „Körpers" wächst unter der Erde. Alt und schwer ist er übrigens auch noch: Würde man ihn wiegen, brächte er ungefähr 400.000 Kilogramm auf die Waage und sein Geburtstagskuchen braucht etwa 2.400 Kerzen. Hallimasche sind echte Parasiten, die Bäume befallen und so ganze Wälder zerstören. Aber sie helfen auch dabei, Totholz zu vernichten.

GIBT ES EINEN BAUM, MIT DEM MAN SICH DIE ZÄHNE PUTZEN KANN?

Da gibt es gleich mehrere und einer davon heißt sogar Zahnbürstenbaum (*Salvadora Persica*). Seine Knospen, Wurzeln und Zweige enthalten Stoffe, die die Zähne schützen. Einfach abschneiden, so lange auf einem Ende kauen, bis es wie bei einer Bürste ausfranst, und losputzen. Wasser und Zahnpasta werden nicht benötigt. So eine natürliche Zahnbürste wird „Miswak" oder „Siwak" genannt.

WIE SCHNELL WÄCHST BAMBUS?

Bambus ist der Weltmeister im Schnellwachsen. An einem einzigen Tag kann er bis zu einem Meter in die Höhe schießen. Er wächst nicht in die Breite und kann darum all seine Energie in seine Länge stecken. Da Bambus zu den Gräsern gehört, ist er das höchste Gras der Welt!

WELCHE PFLANZE HAT DEN GRÖSSTEN SAMEN DER WELT?

Der Samen der Seychellenpalme ist gigantisch und der größte Pflanzensamen der Welt. Er kann zwischen zehn und 25 Kilogramm wiegen! Übrigens: Weil die Frucht der Seychellenpalme wie ein wohlgeformter Hintern aussieht, trägt sie den Spitznamen „Popo-Nuss".

Samen der Seychellenpalme

FRESSEN FLEISCHFRESSENDE PFLANZEN WIRKLICH FLEISCH?

Ja, aber natürlich kein Schnitzel. Auf der Speisekarte von fleischfressenden Pflanzen stehen Insekten und bei größeren Exemplaren sogar kleinere Nagetiere.

WIE VERTEIDIGEN SICH TOMATEN GEGEN FRESSFEINDE?

Wird eine Tomatenpflanze von einem Tier „angegriffen", etwa wenn eine Raupe an ihren Blättern nagt, warnt sie die anderen Tomaten in ihrer Nähe durch einen Duftstoff. Diese stellen dann ein Sekret her, das sie für ihre Feinde unverdaulich macht und sogar töten kann.

SIND GURKEN, TOMATEN, ZUCCHINI UND BOHNEN FRÜCHTE?

Ja. Aus wissenschaftlicher Sicht ist alles eine Frucht, was aus einer befruchteten Blüte entsteht. In den Früchten befinden sich Pflanzensamen. Essbare Früchte werden meistens Obst genannt, aber auch manches Gemüse zählt dazu.

WAS SIND DAS FÜR KLEINE PUNKTE AUF DER ERDBEERE?

Wissenschaftlich gesehen sind Erdbeeren gar keine Beeren, sondern Sammelnussfrüchte, die gelben Körnchen auf ihrer Oberfläche sind kleine Nüsse. Sie sind die wirklichen Früchte der Erdbeerpflanze.

WARUM PFLANZT MAN KAPUZINERKRESSE INS GEMÜSEBEET?

Etwa weil Blattläuse sie gerne mögen. Mit ausreichend Abstand gepflanzt, schützt sie andere Gemüsepflanzen davor, gefressen zu werden.

WELCHE PFLANZE HAT MEHR GENE ALS DER MENSCH?

Gene sind ein wichtiger Teil des Bauplans eines jeden Lebewesens und sie sind in unterschiedlichen Mengen vorhanden. Einige Pflanzen haben mehr Gene als Menschen. Weizen etwa hat fünfmal so viele und auch Reis, Bananen oder Zwiebeln haben mehr. Diese Gene sind aber natürlich viel kleiner als die von Menschen.

KÖNNEN GEWÜRZE TÖDLICH SEIN?

In zu hohen Dosen und trockener Form ohne Flüssigkeiten können Gewürze wie Muskatnuss, Salz oder Zimt gefährlich sein. Aber: In üblichen Mengen sind sie sehr gesund und werden von unserem Körper dringend benötigt.

WARUM SIND MANCHE KROKUSSE SO WERTVOLL?

Der Safrankrokus liefert den Safran, der als eines der teuersten Gewürze der Welt gehandelt wird und sehr begehrt ist.

Krokus

Safran

WO WACHSEN WÜRSTCHEN AN DEN BÄUMEN?

Auf dem gesamten afrikanischen Kontinent. Die Früchte des Leberwurstbaums sind natürlich keine richtigen Würstchen. Aber sie sehen Leberwürsten sehr ähnlich, was dem Baum seinen Namen gab.

WACHSEN DIE KORKEN VON WEINFLASCHEN AN BÄUMEN?

Nein, aber sie werden aus der Rinde eines Baumes hergestellt: der Korkeiche.

GIBT ES EINEN ORT, AN DEM SAMEN VON ALLEN WICHTIGEN PFLANZEN AUFBEWAHRT WERDEN?

Ja, auf der zu Norwegen gehörenden Inselgruppe Spitzbergen. Dort gibt es seit einigen Jahren einen Tresor, in dem die Samen von allen wichtigen Nutzpflanzen aufbewahrt werden. Dazu gehören Reis, Mais, Weizen, Kartoffeln, Früchte, Nüsse und Wurzelgemüse. In einem Katastrophenfall sollen die Samen ausgeliefert und die Pflanzen nachgezüchtet werden.

DIE TIERE

WOHER KOMMT DAS WORT „DINOSAURIER"?

Das Wort leitet sich aus den griechischen Wörtern „deinos" für „schrecklich, gewaltig, furchtbar" und „sauros" für „Eidechse" ab. Übersetzt heißt Dinosaurier also so viel wie „schreckliche Eidechse". Den Namen gab den Tieren 1842 der britische Arzt Sir Richard Owen. Er hatte große Zähne in einem Stein gefunden und fand, dass sie Echsenzähnen sehr ähnlich sahen.

WIE HEISST DER GRÖSSTE DINOSAURIER, DER JE GELEBT HAT?

Nach dem heutigen Stand der Wissenschaft war der Patagotitan der größte Dinosaurier der Welt. Er war ein Pflanzenfresser und wurde bis zu 37 Meter lang.

37 m

WAS HAT DER DIPLODOCUS GEFRESSEN?

Die größten Dinosaurier, unter ihnen der Diplodocus, waren Pflanzenfresser.

HAT DER TYRANNOSAURUS REX MAMMUTS GEFRESSEN?

Nein, die beiden Arten sind sich nie begegnet. Mammuts lebten erst lange, nachdem der Tyrannosaurus Rex schon ausgestorben war.

WARUM SIND DIE DINOSAURIER AUSGESTORBEN?

Hauptursache war vermutlich vor 66 Millionen Jahren ein riesiger Meteoriteneinschlag auf der Erde. Der Aufprall war so gewaltig, dass der Himmel für mehrere Monate durch den dabei entstandenen Staub verdunkelt wurde. Ohne Sonne und Wärme gingen die Pflanzen ein, dadurch fanden die Pflanzenfresser keine Nahrung mehr und verhungerten. Schließlich starben auch die Fleischfresser, weil sie keine Beute mehr machen konnten. Zuvor hatte zudem das Klima auf der Erde durch vulkanische Aktivität begonnen, sich zu verändern, wodurch sich die Pflanzen und Tiere veränderten. Aber nicht alle Saurier starben aus – heute fliegen sie als Vögel am Himmel.

GAB ES DINOSAURIER MIT FEDERN?

Viele (vielleicht sogar alle) Dinosaurier hatten Federn. Manche waren komplett von ihnen bedeckt, andere hatten nur einzelne Federn an ihrem Schwanz oder auf ihrem Rückenkamm und ansonsten ein Schuppengewand.

WAS IST EIN SÄUGETIER?

Der Name „Säugetier" weist auf ein sehr wichtiges Merkmal dieser Tierklasse hin: Die Weibchen füttern ihren Nachwuchs mit Milch aus ihren Milchdrüsen. Das nennt man „säugen". Säugetiere gehören zu dem Tierstamm der Wirbeltiere. Die anderen Klassen sind Vögel, Amphibien, Reptilien und Fische. Auch Menschen sind Säugetiere.

GIBT ES SÄUGETIERE, DIE EIER LEGEN?

Ja! Schnabeltiere und Schnabeligel (auch Ameisenigel genannt) sind ganz außergewöhnliche Tiere: Sie sind die einzigen Säugetiere der Welt, die Eier legen. Wenn die Jungen geschlüpft sind, ernähren sie sich von der Milch ihrer Mutter. Deshalb zählt man diese beiden Arten zu den Säugetieren. Sie leben ausschließlich in Australien.

KÖNNEN ALLE SÄUGETIERE SCHWIMMEN?

Viele Landbewohner unter den Säugetieren können erstaunlich gut schwimmen. Andere Säugetiere sind ganz an ein Leben im Wasser angepasst. Zu den besten Schwimmern unter den Säugetieren zählen Wale und Delfine. Wo ein Tier lebt, hat nicht unbedingt etwas damit zu tun, zu welcher Tierklasse es gehört.

WO SCHLÄFT EIN GORILLA?

Gorillas bauen sich jede Nacht ein neues Nest aus Blättern, Ästen und anderen Pflanzenteilen, meistens in den Bäumen, aber auch auf dem Boden. Die Männchen sind dabei häufiger unten zu finden als die Weibchen. Jedes Tier hat sein eigenes Nest. Nur die Babys schlafen im Nest ihrer Mütter.

GIBT ES SÄUGETIERE MIT FEDERN?

Nein. Nur Vögel tragen Federn. Aber es gibt fliegende Säugetiere: Fledertiere wie Fledermäuse und Flughunde. Sie haben zwischen ihren Armen und Beinen eine Haut, die Flugmembran.

WIE HEISST DAS GRÖSSTE SÄUGETIER DER WELT?

Der Blauwal ist das größte Tier der Welt – und somit auch das größte Säugetier. Er wird fast so lang wie drei Busse und wiegt so viel wie 22 Elefanten!

WIE SCHNELL SIND FAULTIERE AM BODEN?

Faultiere bewegen sich in Zeitlupe: In einer Minute schaffen sie ungefähr drei Meter. Schneller sind sie in den Bäumen und im Wasser, denn Faultiere sind sehr gute Kletterer und Schwimmer. Zum Boden steigen sie nur etwa alle zehn Tage – um aufs Klo zu gehen.

WIE LANGE KOMMT EIN DROMEDAR OHNE NAHRUNG AUS?

Dromedare kommen bis zu drei Wochen ohne Wasser aus, da sie viel Wasser in ihrem Körper speichern können. Der Höcker auf ihrem Rücken enthält Fettvorräte, die das Tier bei Futtermangel verbrennen kann, um Energie zu gewinnen.

WIE VIELE JUNGE KANN EINE MAUS PRO JAHR BEKOMMEN?

Das kommt natürlich auf die genaue Art an, aber es sind immer sehr viele, manchmal über 60!

GIBT ES NOCH ECHTE WILDPFERDE?

Przewalski-Pferde sind die einzigen echten Wildpferde, die es noch gibt. Sie leben in der Mongolei. Andere wild lebende Pferde sind ehemalige Hauspferde, die irgendwann mal ausgebrochen sind.

WAS IST EIN BEUTELTIER?

Beuteltiere oder Beutelsäuger wie Kängurus oder Koalas sind Säugetiere. Wenn die Jungtiere zur Welt kommen, sind sie noch nicht voll entwickelt und extrem klein – kleiner als alle anderen Säugetierbabys – die Jungtiere des Rüsselbeutler etwa wiegen nur fünf Milligramm und sind damit die kleinsten neugeborenen Säugetiere. Die Babys kriechen aus eigener Kraft zu den Zitzen der Mutter, krallen sich fest und wachsen dort weiter, bis sie groß genug sind, um den „Beutel" zu verlassen. Einige Beuteltiere haben dafür eine Art Tasche am Körper, wie etwa Kängurus, bei anderen hängt der Nachwuchs frei und wird nur durch Fell- und Hautfalten geschützt, beispielsweise bei den Numbats. Die meisten Beuteltiere leben in Australien und Neuguinea. Ein paar kommen auch in Süd- und Mittelamerika vor. Das einzige Beuteltier in Nordamerika ist das Opossum.

WIE NENNT MAN EINE KREUZUNG ZWISCHEN EINER LÖWIN UND EINEM LEOPARDEN?

Leopon. Auch andere Tiere wurden schon gekreuzt, etwa Löwen und Tiger (Liger oder Töwe, je nachdem, zu welcher Art die Mutter gehört) oder Pferde und Esel (Maultier oder Maulesel). Solche Mischungen entstehen aber nur in Gefangenschaft durch Menschen und niemals in der Natur. Sie können oftmals selbst keinen Nachwuchs bekommen und bei ihrer Geburt können sie und ihre Mütter großen Schaden erleiden. Sie sind sehr groß, weil ihnen bestimmte Stoffe im Körper fehlen, die ihr Wachstum bremsen. Meistens sind sie krank und sterben jung.

GIBT ES FEDERLOSE VÖGEL?

Nein, alle Vögel haben Federn. Es gibt aber andere Tiere, die fliegen können und keine Federn haben, zum Beispiel Schmetterlinge oder Fledermäuse.

WELCHER VOGEL KANN AUCH RÜCKWÄRTS FLIEGEN?

Kolibris können nicht nur rückwärts fliegen, sondern auch kopfüber und auf der Stelle. Außerdem können sie senkrecht in die Luft schießen und im Sturzflug wieder zu Boden rasen.

WARUM HABEN PELIKANE EINEN SO GROSSEN SCHNABEL?

Pelikane fangen mit ihrem Schnabel Fische. Wie mit einem Kescher durchpflügen sie damit das Wasser und öffnen ihn anschließend leicht, um das Wasser abzulassen. Die Fische, die im Schnabel bleiben, schlucken sie einfach herunter oder bringen sie zu ihren Jungen.

WO SIND ALBATROSSE ZU HAUSE?

In der Luft. Nur zum Brüten kehren Albatrosse zurück an ihren Geburtsort.

WELCHE FARBE HAT EIN FLAMINGOKÜKEN?

Flamingo-Küken haben ein graues Gefieder.
Ihre rosa Farbe bekommen Flamingos durch
einen chemischen Stoff in bestimmten Algen,
die sie fressen.

WAS HAT DER KIWI AN DER SCHNABELSPITZE?

Dieser merkwürdige kleine Vogel hat
keine Flügel, aber einen langen, dünnen Schnabel,
an dessen Ende sich zwei Nasenlöcher befinden.
Damit kann er seine unter der Erde verborgene
Nahrung ausgezeichnet riechen.

KÖNNEN WIRKLICH ALLE VÖGEL FLIEGEN?

Rund 60 Vogelarten auf der Welt können
nicht fliegen. Der Strauß ist dafür zum Beispiel
zu schwer. Stattdessen kann er unglaublich
schnell laufen.

WARUM SCHMÜCKEN LAUBENVÖGEL IHRE NESTER?

Laubenvögel leben in Australien und
auf Neuguinea. Die Männchen bauen
prächtige Nester, die sie mit Blüten, Beeren,
Nüssen, Käfern und sogar buntem Plastikmüll
kunstvoll schmücken. Die prunkvollen Lauben
sollen die Weibchen beeindrucken und
sie für die Paarung gewinnen.

WIE GROSS SIND STRAUSSENEIER?

Ein Straußenei kann so groß wie
30 Hühnereier sein.

HABEN HÜHNER ZÄHNE?

Nein, Hühner haben keine Zähne, sondern,
wie die meisten Vögel, einen scharfkantigen
Schnabel. Damit zerrupfen sie ihre Nahrung,
um sie vor dem Verzehr zu zerkleinern. Sie brauchen
nicht zu kauen, denn sie haben ein einzigartiges
Verdauungssystem.

GIBT ES DRACHEN WIRKLICH?

Der Komodowaran wird wegen seiner gespaltenen Zunge und seiner Körpergröße auch Komododrache genannt. Er lebt ausschließlich auf ein paar der zu Indonesien gehörenden Kleinen Sundainseln. Trotz ihres Namens können Komododrachen aber kein Feuer speien!

WARUM SIND REPTILIEN WECHSELWARM?

Reptilien zählen zu den Tieren, die ihre Körpertemperatur nicht selbst regulieren können. Deshalb sind sie von der Temperatur ihrer Umgebung abhängig. Sie legen sich zum Beispiel in die Sonne, um sich aufzuwärmen. Gleichwarme Tiere dagegen können ihre Körpertemperatur unabhängig von der Umgebungstemperatur regulieren. Dazu gehören Säugetiere und Vögel.

WARUM SCHLIESSEN FRÖSCHE IHRE AUGEN, WENN SIE FRESSEN?

Wenn Frösche ihre Augen schließen, werden sie nach innen gedrückt. Dadurch entsteht ein Druck, der ihnen dabei hilft, die Nahrung die Kehle hinunterzuschieben.

WIE NENNT MAN EIN KRÖTENWEIBCHEN?

Krötenweibchen. Es gibt keinen speziellen Namen für männliche und weibliche Kröten.

WARUM HAT DER FEUERSALAMANDER SO AUFFÄLLIGE FARBEN?

Die auffällige Färbung des Feuersalamanders dient seinem Schutz und signalisiert seinen Fressfeinden: „Achtung, ich bin giftig!" Ihr Gift sondern Feuersalamander über Drüsen am ganzen Körper ab und können es sogar bis zu einem Meter weit verspritzen. Also Vorsicht!

WECHSELN CHAMÄLEONS WIRKLICH IHRE FARBE, UM SICH ZU TARNEN?

Nein. Über ihre Farbe kommunizieren Chamäleons mit ihren Artgenossen und regeln ihre Körpertemperatur.

WARUM HÄUTEN SICH SCHLANGEN?

Wenn Schlangen größer werden, wächst ihre Schuppenhaut aus Horn nicht mit. Deshalb müssen sie regelmäßig die zu eng gewordene alte Haut abstreifen, sozusagen wie ein zu klein gewordenes Kleidungsstück. Das nennt man „häuten".

WIE LANGE BRAUCHT EINE ANAKONDA, UM IHRE BEUTE ZU VERDAUEN?

Manchmal sind die Augen größer als der Mund ... Die Anakonda, eine Würgeschlangen-Art, verschlingt sogar Beutetiere, die größer sind als sie selbst. Um diese zu verdauen, braucht sie mehrere Wochen!

GEHÖREN ALLIGATOREN, KAIMANE UND KROKODILE ZUR SELBEN TIERFAMILIE?

Ja. Alle gehören zur Ordnung der Krokodile. Krokodil ist also ein Überbegriff, die Gruppe wird weiter unterteilt in Gaviale, Alligatoren und Kaimane sowie Echte Krokodile. Du erkennst sie an der Form ihrer Schnauzen: Alligatoren haben eine breite, u-förmige Schnauze, Kaimane eine kurze schmale, Echte Krokodile eine v-förmige und Gaviale eine sehr lange, schmale.

Krokodil

Kaiman

Alligator

Gavial

WIE HEISST DIE GEFÄHRLICHSTE SCHLANGE DER WELT?

Die Schwarze Mamba gilt als die gefährlichste Schlange der Welt. Sie kommt in Süd- und Ostafrika vor. Glücklicherweise greift sie Menschen eher selten an, denn schon geringe Mengen ihres Gifts können tödlich sein.

MAG DER BASILISK BASILIKUM?

Insekten sind dieser Echsenart lieber. Ihr Name stammt vom griechischen Wort „basiliskos" ab und bedeutet „kleiner König". Sie tragen diesen Namen, weil ihr Kopfschmuck an ein Wesen aus der griechischen Mythologie namens Basilisk erinnert. Es hat den Oberkörper eines Hahns, dessen Kamm an eine Krone erinnert. Die echten Basilisken werden auch Jesus-Christus-Echsen genannt, denn sie haben eine besondere Fähigkeit: Sie können über Wasser laufen!

WELCHES LANDTIER WIRD AM ÄLTESTEN?

Einige Schildkrötenarten können bis zu 250 Jahre alt werden. Damit ist die Schildkröte die Rekordhalterin in der Tierwelt an Land.

ZITTERT DER ZITTERAAL EIGENTLICH WIRKLICH?

Nein, der Zitteraal zittert nicht, das sieht nur so aus. Überall an seinem Körper befinden sich elektrische Zellen, über die er Strom erzeugen kann. Mit den Stromstößen kann er sich verteidigen oder seine Beute orten, betäuben und töten.

WELCHER FISCH HAT SEINE EIGENE LAMPE DABEI?

Der Tiefsee-Anglerfisch. Weibliche Anglerfische haben eine Art Lampe an ihrer Stirn. Mit diesem Licht locken sie in den Schwärzen der Tiefsee ihre Beute an. Das Licht kommt von Bakterien in der „Angel".

GIBT ES IN DER WÜSTE FISCHE?

Ja, den Wüstenkärpfling! Er schlüpft in Tümpeln, die nach starken Regenfällen in der Wüste entstehen. Sobald das Wasser verdunstet, stirbt er. Vor seinem Tod vergräbt er seine Eier im Sand, aus denen beim nächsten Regen sein Nachwuchs schlüpft.

WIE JAGEN SCHÜTZENFISCHE?

Der Schützenfisch schießt wie mit einer Wasserpistole einen Wasserstrahl auf ein Insekt in seiner Nähe, sodass es herunterfällt ... direkt in sein aufgesperrtes Maul.

WAS MACHT DEN SCHLAMMSPRINGER SO BESONDERS?

Diese lustigen Fische leben an den tropischen Meeresküsten Afrikas und Asiens. Das Besondere: Sie können im Wasser und an Land leben. Bei Ebbe kriechen und springen sie über den Schlick, wobei sie sich mit ihrem Schwanz abstoßen. Sogar ihre Kiemen können sie dann verschließen.

WELCHER FISCH KANN WASSERFÄLLE HINAUFSPRINGEN?

Der Lachs. Lachse verbringen einen Teil ihres Lebens im Meer. Zum Eierlegen kehren sie zurück in den Fluss, in dem sie selbst geschlüpft sind. Dafür schwimmen sie weite Strecken gegen den Strom und überwinden große Hindernisse wie Stromschnellen oder springen sogar Wasserfälle hinauf.

WIE HEISST DER ÄLTESTE FISCH DER WELT?

Quastenflosser. Forschende gehen davon aus, dass die ersten Quastenflosser vor 350 Millionen Jahren gelebt haben. Sie schwammen also schon zur Zeit der Dinosaurier durch die Meere!

SIND KORALLEN PFLANZEN ODER TIERE?

Korallen sind Tiere. Sie werden nur wenige Zentimeter groß und leben in Gruppen zusammen. Sie bilden Skelette aus Kalk, die fest im Meeresgrund verankert sind und ihre weichen Körperteile schützen. Wenn Korallen absterben, wachsen ihre Nachkommen auf den Skeletten weiter. So entstehen über Jahrtausende hinweg wunderschöne bunte Korallenriffe.

WER IST BEI DEN SEEPFERDCHEN FÜR DIE KINDER ZUSTÄNDIG?

Der Vater. Seepferdchen-Männchen brüten den Nachwuchs aus und kümmern sich um die Jungtiere.

WARUM SIND HAIE IMMER IN BEWEGUNG?

Wie alle Lebewesen brauchen Haie Sauerstoff. Diesen filtern sie mit ihren Kiemen aus dem Wasser heraus. Dafür müssen sie sich ständig bewegen, damit neues Wasser mit frischem Sauerstoff in ihre Körper gelangt.

HABEN ALLE FISCHE SCHUPPEN?

Es gibt Ausnahmen. Die Haut von Muränen etwa ist von einer dicken Schleimschicht überzogen, die sie vor Verletzungen schützt.

WAS IST EINE GESPENSTSCHRECKE?

Gespenstschrecken sind Insekten, die aussehen wie Äste oder Blätter. Mit dieser perfekten Tarnung bleiben sie von Fressfeinden unentdeckt.

WELCHES IST DAS GEFÄHRLICHSTE TIER DER WELT?

Die Stechmücke! Jährlich sterben an von Mücken übertragenen Krankheiten Hunderttausende Menschen. Deshalb gelten sie als die gefährlichsten aller Tiere.

WIE LANGE LEBT EINE EINTAGSFLIEGE?

Der Name „Eintagsfliege" ist etwas trügerisch. Die Tiere verbringen zwei Jahre als Larven im Wasser. Wenn sie ausgewachsen sind, bleiben ihnen zwei bis vier Tage, um sich zu paaren, ehe sie sterben.

WIE VIELE INSEKTENARTEN GIBT ES AUF DER WELT?

Insekten bilden mit Abstand die größte Klasse im Tierreich. Weltweit sind etwa eine Million Insektenarten bekannt. Vermutlich gibt es aber fünfmal so viele – die meisten wurden einfach nur noch nicht entdeckt!

WIE NENNT MAN MÄNNLICHE SCHNECKEN?

Schnecke! Bei Schnecken kann man meistens nicht leicht erkennen, ob es sich um ein Männchen oder ein Weibchen handelt, da die Geschlechtsteile versteckt sind. Es gibt auch Arten, die gleichzeitig männliche und weibliche Geschlechtsmerkmale haben, wie etwa Weinbergschnecken. Sie nennt man „Zwitter" oder „Hermaphroditen".

WIE OFT WECHSELT EINE SCHNECKE IHR HAUS?

Gar nicht! Sie wird damit geboren und es wächst mit ihr mit! Bei erwachsenen Schnecken ist dieses Babygehäuse als kleine, glatte Spitze an ihrem Haus zu sehen. Ist die Schnecke ausgewachsen, wächst auch ihr Haus nicht mehr. Ein leeres Haus bedeutet, dass die Schnecke gestorben ist.

WIE VIELE BEINE HABEN INSEKTEN?

Immer sechs. Die Anzahl der Beine bestimmt, ob ein Tier ein Insekt ist oder nicht!

WAS FRESSEN MISTKÄFER?

Hauptsächlich den Kot von anderen Tieren!

WARUM STECHEN BIENEN NUR IM NOTFALL?

Der Stachel einer Biene hat kleine Haken,
die bei einem Stich stecken bleiben.
Dadurch reißt der Stachel heraus und
die Biene stirbt. Bienen stechen darum nur,
wenn sie sich in größter Gefahr befinden.

IST DER MONARCHFALTER EIN RICHTIGER KÖNIG?

Er ist sozusagen der König unter den Wanderfaltern.
Jedes Jahr legt der Schmetterling auf dem Weg
zwischen Nordamerika und Mexiko eine Strecke von
mehreren Tausend Kilometern zurück! Die lange Reise
nimmt er auf sich, um die besten Stellen für seine
Fortpflanzung und Entwicklung zu finden.

IST DIE SCHWARZE WITWE WIRKLICH SCHWARZ?

Schwarze Witwen sind schwarze Spinnen,
die einen oder mehrere rote Punkte auf dem Rücken
haben. Das sieht aus, als wollten sie sagen:
Achtung! Mein Biss ist tödlich!

WENN MAN EINEN REGENWURM IN ZWEI HÄLFTEN TEILT, WERDEN DANN ZWEI REGENWÜRMER DARAUS?

Um Himmels willen, nein! Nachwachsen kann
höchstens das hintere Ende, wenn die
lebenswichtigen Organe im restlichen Körper
nicht verletzt wurden. Wahrscheinlich bekommt
der Regenwurm aber eine tödliche Krankheit
durch die offene Wunde. Wird ein Regenwurm
in der Mitte zerteilt, stirbt er in jedem Fall.
Bitte mach so etwas niemals!

WARUM KÖNNEN FLIEGEN AN DER DECKE LAUFEN?

Das Geheimnis steckt in ihren Füßen:
Fliegen haben winzige Saugnäpfe an ihren Füßen,
mit denen sie sich regelrecht festkleben können.
Wie praktisch!

WO KANN MAN DODOS SEHEN?

Im Museum. Der Dodo ist vor über 300 Jahren ausgestorben, vermutlich weil Menschen seinen Lebensraum verändert haben. Deshalb gilt der Dodo heute als mahnendes Beispiel für die Ausrottung einer Tierart durch Menschen.

WIE VIELE TIERARTEN STERBEN JÄHRLICH AUS?

Schätzungen zufolge sterben pro Tag 150 Arten aus. Im Jahr sind das etwa 11.000 bis 58.000 Arten.

WAS BEDEUTET „ORANG-UTAN"?

„Orang-Utan" ist Malaiisch und bedeutet „Waldmensch". Heute leben diese klugen Menschenaffen nur noch auf den indonesischen Inseln Borneo und Sumatra. Sie sind vom Aussterben bedroht und könnten in den nächsten Jahren für immer von der Erde verschwinden.

WIE VIELE JAVA-NASHÖRNER GIBT ES NOCH?

Heute gibt es nur noch knapp über 60 Tiere in freier Wildbahn, die alle auf der Insel Java leben. Damit zählt das Java-Nashorn zu den 100 am stärksten bedrohten Tierarten der Welt.

WELCHES TIER SCHRUMPFT IM WINTER?

Die Waldspitzmaus! Sie schrumpft im Winter,
um Energie zu sparen und trotz eisiger Temperaturen
und wenig Nahrung überleben zu können.
Dabei wird sie nicht einfach nur dünner, sogar ihre
Organe und Knochen schrumpfen!

WAS IST EIN ÖKOSYSTEMINGENIEUR?

Tiere oder Pflanzen, die ihren Lebensraum
verändern, werden als „Ökosystemingenieure"
bezeichnet. Ein Beispiel ist der Biber.
Er baut Dämme, die der ganzen Umgebung helfen:
Durch sie werden Schlick und Dreck aus
dem Wasser entfernt und es entstehen saubere
Teiche, in die viele Tiere wie Frösche,
Fische oder Enten einziehen können.

GIBT ES VAMPIRE WIRKLICH?

Die einzigen Säugetiere, die sich ausschließlich
von Blut ernähren, sind Vampirfledermäuse.
Ihr Speichel enthält einen gerinnungshemmenden
Stoff und der heißt … Draculin! Auch einige Insekten
wie Stechmücken und Zecken saugen Blut.

GIBT ES UNSTERBLICHE TIERE?

Es gibt eine Quallenart, die nicht natürlich
sterben kann. Sie heißt „Turritopsis dohrnii" oder
„Unsterbliche Qualle" und kann sich verjüngen,
wenn sie alt oder verletzt ist. Sie ist also quasi
unsterblich – es sei
denn, sie wird von
einem Fisch oder
einer Schildkröte
gefressen!
Ihr Geheimnis:
Turritopsis dohrnii
kann sich in einen
Polypen, quasi ein
Baby, zurück
verwandeln.

GIBT ES DEN RIESENKALMAR WIRKLICH?

Dieser bis zu achtzehn Meter lange Tintenfisch
lebt am Grund der Tiefsee. Deswegen bekommen
wir ihn nur selten zu Gesicht und wissen wenig
über ihn. Lange hielt man die Existenz von
Riesenkalmaren für Seemannsgarn, doch ab und
an werden tote Exemplare an Strände gespült
und beweisen, dass es sie wirklich gibt.

WIE FINDEN SCHMETTERLINGE
IM AMAZONAS SALZ?

Salz ist ein wichtiger Nährstoff, der in Blütennektar
allerdings nicht vorkommt. Deshalb trinken
Schmetterlinge die salzigen Tränen von Schildkröten
und anderen Tieren.

DER MENSCHLICHE KÖRPER

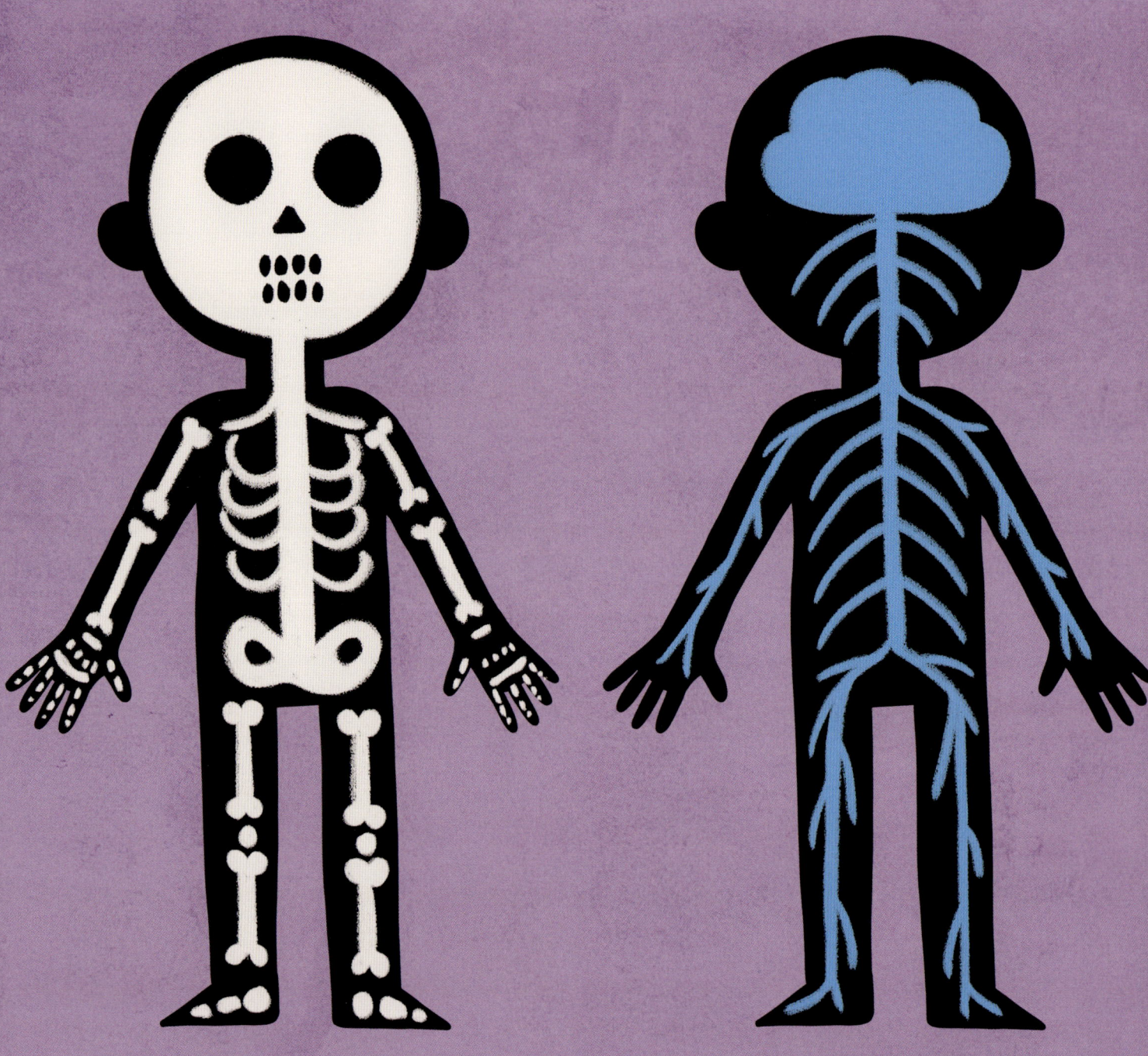

SIEHT BLUT IMMER GLEICH AUS?

Bevor das Blut in die Organe gelangt, wird es
mit Sauerstoff angereichert. Dann hat es einen
helleren, kräftigeren Farbton als sauerstoffarmes
Blut. Verlässt das Blut die Organe, ist der Sauerstoff
aufgebraucht und das Blut ist daher dunkler.

WIE VIEL BLUT HAT EIN MENSCH IM KÖRPER?

Ungefähr fünf bis sechs Liter. Männer haben
durchschnittlich etwa einen Liter mehr Blut
als Frauen. Das hängt damit zusammen,
dass sie häufig größer und schwerer sind.

HABEN EINEIIGE ZWILLINGE IDENTISCHE FINGERABDRÜCKE?

Nein! Die Fingerabdrücke jedes Menschen sind
einzigartig – auch bei eineiigen
Zwillingen sind sie nicht
identisch.

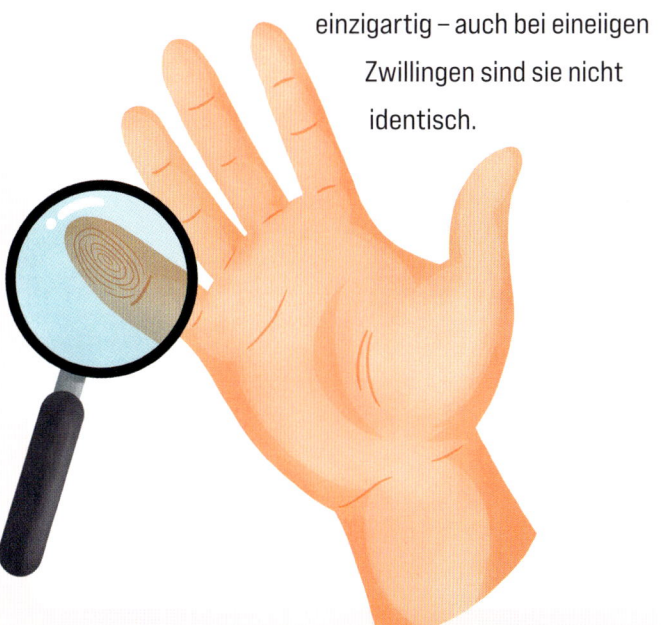

IST ES WAHR, DASS DER MENSCHLICHE KÖRPER AUS SEHR VIEL WASSER BESTEHT?

Das ist richtig. Der menschliche Körper besteht
zu etwa 65 Prozent aus Wasser.

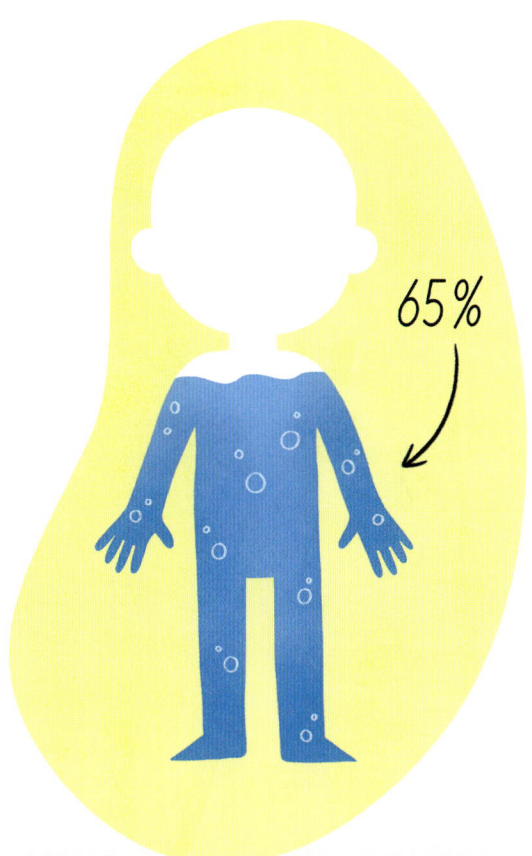

65 %

WIE SCHNELL WIRD EIN SIGNAL ÜBER DAS NERVENSYSTEM WEITERGELEITET?

Das Zentrale Nervensystem (ZNS) besteht
aus Gehirn und Rückenmark. Mit einer Geschwindigkeit von 450 Kilometern pro Stunde rasen hier
die Signale entlang – das ist schneller als ein ICE!
So kann der Körper rasch an andere Bedingungen
angepasst werden. Wenn wir etwa die Hand auf
eine heiße Herdplatte legen, saust die Information
blitzschnell zum Hirn und es merkt: Die Hitze tut
nicht gut, und befiehlt, die Hand wegzuziehen.

WELCHES IST DAS GRÖSSTE ORGAN DES MENSCHLICHEN KÖRPERS?

Die Haut ist mit Abstand das größte Organ
des Menschen. Die Hautoberfläche eines
durchschnittlichen Erwachsenen ist so groß
wie 29 DIN-A4-Blätter.

WARUM IST MAN MORGENS GRÖSSER ALS ABENDS?

Unsere Bandscheiben (das sind kleine Knorpel in der Wirbelsäule) nehmen während des Schlafs Flüssigkeit auf und dehnen sich aus. Durch die Belastung, der sie tagsüber ausgesetzt sind, verlieren sie die Flüssigkeit wieder. Dieses „Auspressen" führt dazu, dass wir morgens bis zu drei Zentimeter größer sind als abends.

WIE OFT SCHLÄGT DAS MENSCHLICHE HERZ PRO TAG?

Über 100.000-mal. Bei jedem Herzschlag ziehen sich die Herzmuskeln zusammen und entspannen sich danach wieder. Dabei pumpen sie etwa fünf bis sechs Liter Blut durch den Körper.

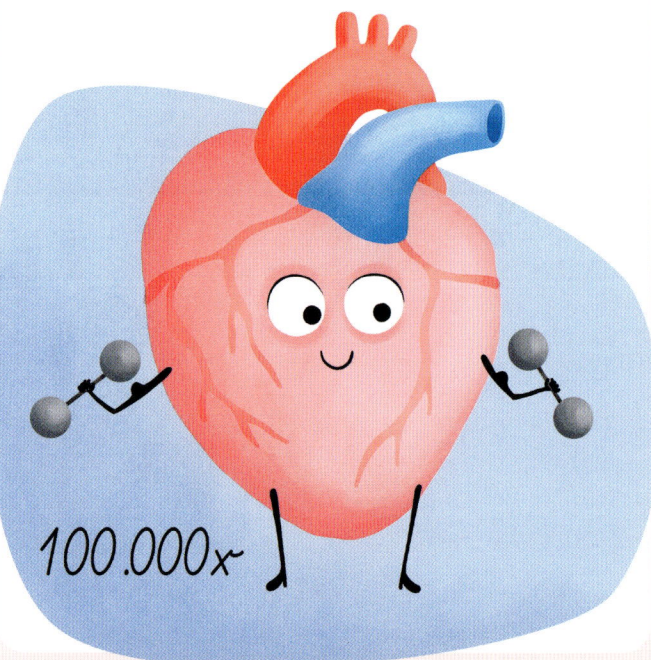

100.000x

WIE VIELE MUSKELN BRAUCHT MAN ZUM LACHEN?

Siebzehn allein im Gesicht und weitere im Bauch und im Kopf. Insgesamt sind 300 Muskeln beim Lachen beteiligt. Lachen ist ein richtiger Leistungssport – wenn es zu viel wird, gibt es einen Lachmuskelkater.

WIE VIELE KNOCHEN HAT EIN BABY?

Ein Neugeborenes kommt mit rund 350 Knochen zur Welt, erwachsene Menschen haben etwa 206 Knochen. Babys haben also mehr Knochen als Erwachsene. Das liegt daran, dass einige Knochen zu Beginn aus mehreren Teilen bestehen, die noch zusammenwachsen müssen.

WIE STABIL SIND UNSERE KNOCHEN?

Die Knochen von uns Menschen bestehen aus vielen Knochenzellen. Diese bilden eine Art schwammige Substanz. Darin befinden sich Calcium und andere Mineralstoffe. Sie machen die Knochen hart und stabil wie Eisen. Zugleich sind unsere Knochen aber auch so leicht wie Aluminium, damit wir uns problemlos bewegen können.

WELCHER IST DER STÄRKSTE MUSKEL IM GANZEN KÖRPER?

Wenn es um die Größe und die Kraft, die auf den Muskel ausgeübt werden kann, geht, dann ist der Gesäßmuskel der stärkste. Er sitzt im Po und sorgt dafür, dass wir aufstehen, uns hinsetzen und laufen können. Der Kaumuskel hingegen kann mit besonders viel Kraft auf etwas anderes einwirken: Er zermalmt mit ordentlich Power unser Essen.

Niere

Magen

IST ES MÖGLICH, MIT NUR EINER NIERE ZU LEBEN?

Die Nieren sitzen hinten im Bauch. Sie reinigen das Blut und entfernen überschüssiges Wasser in Form von Urin. Normalerweise haben wir zwei Nieren, aber gesunde Menschen können auch mit einer gut leben.

WOZU BRAUCHEN WIR DEN BLINDDARM?

Der Blinddarm befindet sich am Anfang des Dickdarms. Er transportiert Nahrung zwischen dem Dick- und dem Dünndarm und hilft dabei, Krankheitserreger zu beseitigen.

WIE GROSS IST DER DÜNNDARM?

Der Dünndarm ist ein Teil des Darms und liegt in vielen Schlingen in unserem Bauch. Aufgerollt misst er bei Erwachsenen zwischen drei und sechs Meter. Nahrung, die durch den Körper wandert, wird hier verdaut.

WÄCHST DIE LEBER NACH?

Ja, sie ist das einzige Organ, das sich selbst erneuern kann. Wird sie verletzt oder ein Stück entfernt, wächst sie nach und hat nach acht bis zehn Wochen ihre alte Größe erreicht.

Darm

IST DAS KLEINHIRN EIN KLEINES GEHIRN?

Das Gehirn muss viele Aufgaben leisten.
Diese sind auf vier große Bereiche aufgeteilt:
Großhirn, Zwischenhirn, Stammhirn und Kleinhirn.
Das Kleinhirn liegt unter dem Großhirn.
Es sorgt dafür, dass wir unser Gleichgewicht halten
und erlernte Bewegungen wiederholen können,
wie etwa laufen oder Fahrrad fahren.

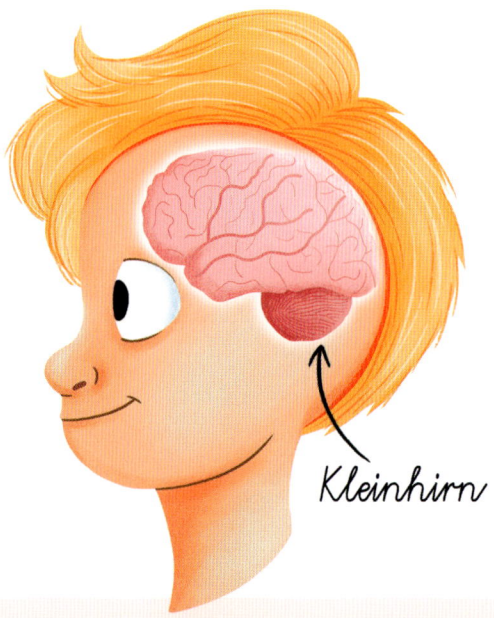

Kleinhirn

WAS PASSIERT WÄHREND DES REM-SCHLAFS IM KÖRPER?

Unser Schlaf besteht aus drei Phasen: dem leichten
Schlaf, dem Tiefschlaf und dem REM-Schlaf.
Der REM-Schlaf wird auch Traumschlaf genannt,
denn dann träumen wir. REM ist eine Abkürzung für
das englische „rapid eye movement", also „schnelle
Augenbewegung". Denn während wir träumen,
bewegen sich unsere Augen sehr viel.

WAS IST EIN HIPPOCAMPUS?

Kommt ganz darauf an! Ein Hippocampus oder
deutsch Hippokamp ist ein Fantasiewesen, das halb
Mensch und halb Fisch ist. Von ihm stammt der
lateinische Name für Seepferdchen: Hippocampus.
Und weil ein Bereich in unserem Gehirn so aussieht
wie ein Seepferdchen, heißt auch er Hippocampus.
Ganz schön verwirrend!

WIE VIELE ZÄHNE HAT EIN MENSCH?

Die ersten Zähne, die ein Mensch bekommt,
heißen Milchzähne. Davon gibt es 20 Stück. Sie fallen
irgendwann aus und werden durch bleibende Zähne
ersetzt. Die meisten erwachsenen Menschen
haben 32 Zähne. Manchen fehlen jedoch die vier
Weisheitszähne. Ihr Gebiss besteht aus 28 Zähnen.

WIE VIELE NEURONEN HAT DAS GEHIRN?

Neuronen heißen auch Nervenzellen. Sie transportieren wie eine Internetleitung blitzschnell Reize
aus der Umwelt zu unserem Hirn, wo sie verarbeitet
werden und von dort in den Körper gelangen.
Jeder Mensch hat etwa 86 Milliarden Neuronen.

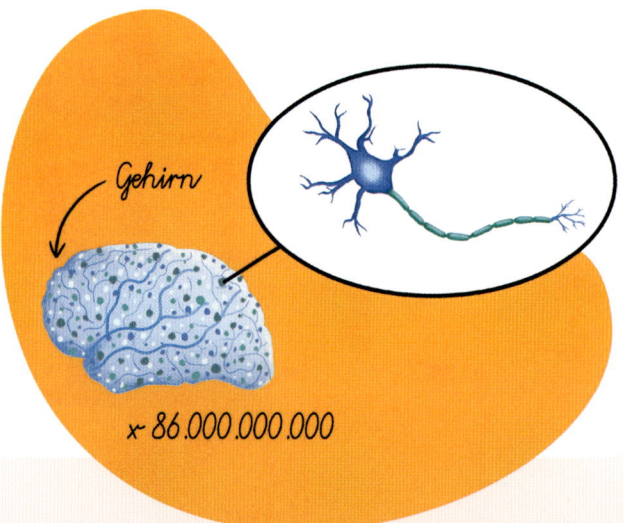

Gehirn

x 86.000.000.000

WIE LANGE SCHLÄFT EIN MENSCH IM LAUFE SEINES LEBENS?

Menschen schlafen unterschiedlich lang.
Im Durchschnitt ergibt die Anzahl der Stunden, die
wir im Leben schlafend verbringen, 24 Jahre.

WIE VIELE HAARE HABEN WIR AUF DEM KOPF?

Haar ist nicht gleich Haar, denn Menschen haben sehr unterschiedliche Haare. Blonde Menschen haben meist sehr feine, aber dafür sehr viele Haare auf dem Kopf, nämlich rund 150.000. Schwarzhaarige und brünette Menschen haben etwa 100.000 Haare. Dafür sind diese meist sehr dick. Rothaarige haben ungefähr 75.000 Haare.

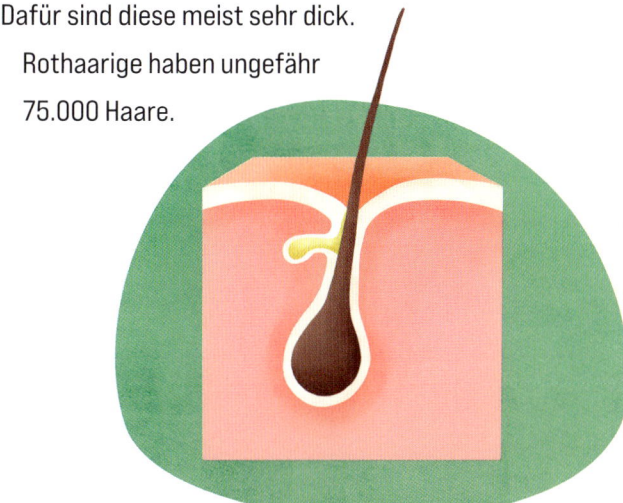

WARUM SCHWITZEN WIR?

Schwitzen schützt den Körper vor Überwärmung. Wenn es zu heiß wird, informiert das Nervensystem die vielen kleinen Schweißdrüsen überall auf der Haut. Sie sondern ein wässriges Sekret ab: den Schweiß. Dabei entsteht Kälte, die der Haut und den Blutgefäßen überschüssige Wärme entzieht. So bleibt unsere Temperatur bei etwa 37 Grad. Schweiß kann außerdem Krankheitserreger wegschwemmen und den Körper von Giften oder unerwünschtem Überschuss von Medikamenten befreien.

AN WELCHEN KÖRPERSTELLEN HAT DER MENSCH KEINE HAARE?

Der Mensch hat am ganzen Körper Haare, außer an den Fußsohlen, den Handinnenflächen, den Augenlidern, den Schleimhäuten und auf den Lippen.

WARUM BEKOMMEN WIR GÄNSEHAUT?

Wenn es kalt ist, ziehen sich in der Haut winzige Muskeln zusammen, die sogenannten Haarbalgmuskeln. Sie ziehen an den Haaren, wodurch diese sich aufstellen. Das nennt man „Gänsehaut". Sie entsteht vor allem an den Beinen und den Unterarmen. Die aufgestellten Härchen schaffen ein wärmendes Luftpolster unter der Haut, das den Körper vor dem Auskühlen schützt. In der Schweiz spricht man von Hühnerhaut.

SIND TRÄNEN SALZIGER ALS MEERWASSER?

Nein. Die Ozeane sind etwa fünfmal so salzig wie menschliche Tränen. Das Tote Meer ist sogar vierzigmal so salzig.

WOZU BRAUCHEN WIR VITAMINE?

Unser Körper braucht Vitamine, um zu überleben und gesund zu sein. Er kann die Vitamine aber nicht selbst herstellen. Darum müssen wir sie über die Nahrung zu uns nehmen, indem wir Gemüse und Obst essen, in denen sie enthalten sind.

SEHEN WIR WIRKLICH ALLES VERKEHRT HERUM?

Wenn Licht auf einen Gegenstand fällt, wird es reflektiert und fällt in unser Auge. Mithilfe der Hornhaut und der Linse entsteht ein verkleinertes Bild des Gegenstandes auf der Netzhaut. Dieses Bild steht auf dem Kopf. Über Nervenstränge gelangt das Bild zum Gehirn. Das Gehirn dreht das Bild wieder um und sagt uns, was wir sehen.

WARUM KANN MAN MIT EINER ERKÄLTUNG NICHT RIECHEN UND SCHMECKEN?

Mit der Zunge erkennen wir, ob etwas salzig, sauer, bitter, süß oder fleischig schmeckt und ob es scharf oder warm ist. Viel wichtiger für den Geschmack ist aber der Geruch. Erst er entscheidet, wie etwas wirklich schmeckt. Bei einer Erkältung schwillt die Nase zu und durch den dicken Schleim kommen kaum Gerüche in die Nase. Deshalb können wir nichts riechen und schmecken.

WARUM HABEN WIR ZWEI AUGEN?

Jedes unserer beiden Augen hat einen anderen Blickwinkel. Aus beiden zusammen erstellt das Gehirn ein dreidimensionales Bild. Dadurch können wir zum Beispiel Entfernungen besser abschätzen als mit nur einem Auge.

WAS GENAU IST ULTRASCHALL?

Schall ist das, was wir mit den Ohren hören können. Menschen hören Schall aber nur in einem bestimmten Bereich. Ultraschall ist extrem hoch und liegt über diesem Bereich. Unsere Ohren können ihn nicht wahrnehmen.

WIE SIEHT DAS TROMMELFELL AUS?

Menschliche Ohren bestehen aus drei Teilen: dem äußeren Ohr, dem Mittelohr und dem Innenohr. Das Trommelfell ist eine sehr dünne Haut, die das Mittelohr vom Innenohr trennt. Wenn Geräusche durch das äußere Ohr ins Mittelohr gelangen, beginnt das Trommelfell zu schwingen.

WIE ENTSTEHEN BLAUE FLECKEN?

Ein blauer Fleck ist ein Bluterguss unter der Haut. Er entsteht, wenn die Blutgefäße unter der Haut verletzt werden und Blut austritt. Das passiert zum Beispiel bei einem Stoß oder einem Schlag. Bleibt die Haut unverletzt, sammelt sich das Blut darunter und es entsteht ein sichtbarer rotblauer Fleck.

WAS IST DER UNTERSCHIED ZWISCHEN VIREN UND MIKROBEN?

Das Wort Mikrobe ist ein Sammelbegriff für eine ganze Reihe mikroskopisch kleiner Lebewesen. Manche Mikroben machen krank, andere sind für die Gesundheit sehr wichtig. Die häufigsten Mikroben sind Bakterien, Viren und Pilze. Viren sind also eine Art Mikroben. Sie dringen in gesunde Zellen ein und machen sie krank.

Mikrobe

WIE ENTSTEHT WUNDSCHORF?

Wenn die Haut aufreißt, werden die Blutgefäße darunter verletzt. Die Blutgefäße sind eine Art Leitungen in der Haut, durch die das Blut fließt. Gehen sie kaputt, fließt das Blut aus dem Körper und spült Dreck und Bakterien aus der Wunde. Meistens stoppt der Blutfluss bald. Die Blutgefäße verengen sich, damit weniger Blut hindurchfließen kann. Zellen namens Blutplättchen heften sich an der Öffnung fest und bilden einen ersten Verschluss. Darüber entsteht ein Netz aus Eiweißfasern, das Fibrin. An ihm bleiben die roten Blutplättchen hängen. So entsteht der rote Wundschorf.

WELCHES SINNESORGAN IST FÜR DEN TASTSINN ZUSTÄNDIG?

Die Haut.

WIESO HABEN WIR FIEBER?

Bei einem Fieber steigt die Körperwärme eines Menschen über die Normaltemperatur von 37 Grad Celsius. Die erhöhte Temperatur hilft dem Körper dabei, die Krankheitserreger zu bekämpfen. Alle Systeme laufen auf Hochtouren und die wichtigen weißen Blutkörperchen können besonders gut arbeiten. Aber: Je höher die Temperatur, desto anstrengender ist es für den Körper, deshalb kann er das nicht zu lange durchhalten.

WARUM HABEN WIR SCHMERZEN?

Schmerzen sind ein Alarmsignal. Sie warnen den Körper, damit er reagieren und versuchen kann, die Ursache zu erkennen und die Schmerzen zu bekämpfen.

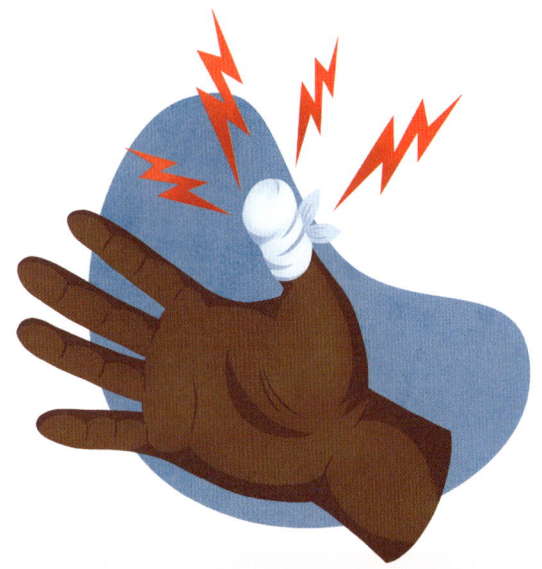

WAS MACHEN WEISSE BLUTKÖRPERCHEN?

In unserem Blut gibt es drei Arten von Teilchen: Blutplättchen, rote Blutkörperchen und weiße Blutkörperchen. Die weißen Blutkörperchen sind eine Art Sicherheitsdienst im Körper und bekämpfen Krankheiten.

WIE ENTSTEHT EIN BABY?

Eine Frau hat in ihrem Bauch zwei Eierstöcke mit Tausenden Eizellen darin. Jeden Monat wandert eine Eizelle auf dem Weg zur Gebärmutter in den Eileiter. Ein Mann hat in seinen Hoden Tausende Spermien. Steckt der Mann seinen Penis in die Vagina der Frau, wandern die Spermien in die Eileiter. Trifft ein Spermium auf eine Eizelle, schlüpft es hinein. Nun entwickelt sich die befruchtete Eizelle zu einem Baby.

WIE LANGE DAUERT EINE SCHWANGERSCHAFT?

Neun Monate.

WELCHE AUFGABE HAT DIE NABELSCHNUR?

Sie versorgt den Fötus im Bauch der Mutter mit Sauerstoff und allen Nährstoffen, die er zum Leben braucht.

WIE ENTSTEHT DER BAUCHNABEL?

Nach der Geburt braucht das Baby die Nabelschnur nicht mehr. Sie wird durchtrennt. Zurück bleibt eine kleine Narbe – der Bauchnabel.

WIE HEISSEN DIE LÖCHER AUF DEM KOPF VON SÄUGLINGEN?

Fontanellen. Sie verschwinden, wenn die Platten in der Schädeldecke fest verwachsen. Die größte Fontanelle am Hinterkopf ist nach 18 Monaten fort.

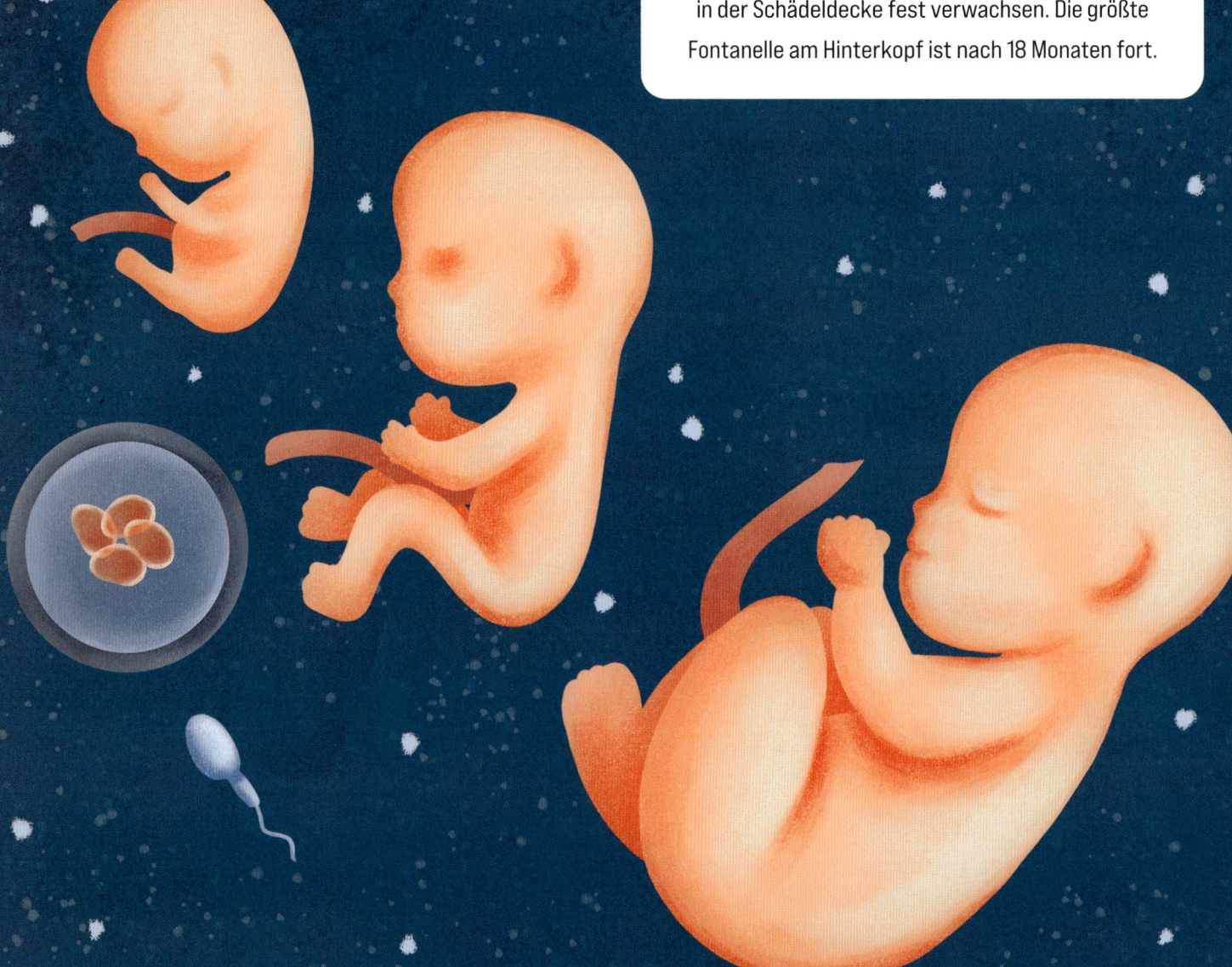

SIND ZWEIEIIGE ZWILLINGE IMMER EIN JUNGE UND EIN MÄDCHEN?

Zweieiige Zwillinge entstehen, wenn zwei verschiedene Eizellen befruchtet werden. Eineiige Zwillinge entstehen, wenn sich eine einzelne Eizelle teilt. Zweieiige Zwillinge können verschiedene oder das gleiche Geschlecht haben.

WARUM WIRD HAAR GRAU?

Unser Körper produziert einen Stoff namens Melanin. Er verleiht dem Haar seine Farbe. Je älter der Körper wird, desto weniger Melanin produziert er. Die Farbe fehlt und das Haar erscheint grau oder weiß.

WIE ALT KANN EIN MENSCH MAXIMAL WERDEN?

Laut wissenschaftlichen Studien zwischen 115 und 120 Jahren. Die Französin Jeanne Calment wurde angeblich sogar 122 Jahre alt.

WARUM WIRD DIE STIMME VON JUNGEN TIEFER?

Im Körper befinden sich verschiedene Hormone. Während der Pubertät vermehrt sich die Zahl der männlichen Sexualhormone. Sie sorgen dafür, dass der Kehlkopf und die Stimmlippen wachsen. Der Kehlkopf befindet sich zwischen Rachen und Luftröhre. Je größer er ist, desto deutlicher ist die Stimme zu hören. Sie erscheint dann tiefer. Auch bei Mädchen wachsen der Kehlkopf und die Stimmlippen, aber nicht so doll. Deshalb klingen ihre Stimmen höher.

MIT WIE VIEL JAHREN HÖRT MAN AUF ZU WACHSEN?

Am Ende der Pubertät. Bei Mädchen ist das Wachstum in der Regel mit sechzehn Jahren abgeschlossen, bei Jungen mit etwa achtzehn.

ZU WELCHER ZEIT WACHSEN KINDER?

Nachts. Im Schlaf wird weniger Druck auf die Knochen ausgeübt und sie können sich besser ausdehnen. Außerdem stellt der Körper nachts mehr Wachstumshormone her. Sie lassen die Haut und die Muskeln wachsen.

DIE WELT, IN DER WIR LEBEN

WIE VIELE MENSCHEN LEBEN AUF DER ERDE?

Etwa acht Milliarden –
und es werden immer mehr!

WIE VIELE LÄNDER GIBT ES AUF DER WELT?

195 nach Angaben der Vereinten Nationen.
Die „Vereinten Nationen" (häufig auch UN
als Abkürzung für den englischen Namen
„United Nations") sind eine Organisation aus
fast allen Staaten der Welt. Sie wollen gemeinsam
Frieden schaffen und dafür sorgen, dass alle
Menschen gut zusammenarbeiten.

WELCHES IST DAS GRÖSSTE LAND DER WELT?

Russland. Es ist fast doppelt so groß wie
das zweitgrößte Land der Welt: Kanada.

WIE GROSS IST DAS KLEINSTE LAND DER WELT?

Der Staat Vatikanstadt ist nur 44 Quadratkilometer
groß. Er liegt mitten in der italienischen Hauptstadt
Rom. Weil er so winzig ist, wird Vatikanstadt als
Zwergstaat bezeichnet.

WIE VIELE MENSCHEN WERDEN TÄGLICH GEBOREN?

Etwa 350.000.
Das sind vier Babys pro Sekunde.

4 sek.

WELCHER KONTINENT HAT DIE MEISTEN LÄNDER?

Ein Kontinent ist eine große zusammenhängende
Landmasse. Auf der Erde gibt es sieben davon.
Die meisten Länder befinden sich auf
dem Kontinent Afrika: 55.

UND WELCHER HAT DIE WENIGSTEN LÄNDER?

Der Kontinent Antarktis.
Dort gibt es kein einziges Land.

GIBT ES WIRKLICH EINEN STAAT
AUF EINER PLATTFORM?

Nun ja. Ein Mann namens Patrick Roy Bates
hat eine ehemalige Militärfestung mitten im Meer
gekauft. Sie ist kaum größer als zwei Tennisplätze.
Bates hat die Plattform „Sealand" getauft und
behauptet, sie sei ein eigener Staat. Er selbst ist
der König. Aber kein anderer Staat erkennt
Sealand an.

WAS BEDEUTET „SALUTON"?

„Hallo" auf Esperanto, einer 1887 erfundenen Sprache. Menschen, die nicht die gleiche Muttersprache haben, sollen sich darin unterhalten können. Sie basiert auf europäischen Sprachen und ist daher nicht für alle Menschen gleich leicht zu lernen.

WELCHES IST DIE MEISTGESPROCHENE SPRACHE DER WELT?

Englisch wird von mehr als 1,3 Milliarden Menschen gesprochen. Danach folgt chinesisches Mandarin mit 1,1 Milliarden Sprechenden weltweit.

WAS IST EINE TOTE SPRACHE?

Wenn niemand eine Sprache als Muttersprache spricht. Sie kann aber als Fremdsprache gelernt werden, wie etwa Latein.

WIE VIELE SPRACHEN GIBT ES AUF DER WELT?

Ungefähr 7.000. Manche sind so selten, dass nur ganz wenige Menschen sie sprechen.

WELCHE MENSCHEN SIND DIE KLEINSTEN MENSCHEN DER WELT?

Im zentralafrikanischen Regenwald leben einige Volksgruppen, die sich mit Jagen und Sammeln ernähren. Sie werden meistens nicht größer als 155 Zentimeter. Die Volksgruppen werden von Nicht-Mitgliedern zusammen als „Pygmäen" bezeichnet.

STIMMT ES, DASS FAMILIEN IN CHINA NUR EIN KIND HABEN DÜRFEN?

Nicht mehr. 35 Jahre lang gab es in China eine Regel, nach der jede Familie nur ein Kind haben durfte. Damit wollte die Regierung verhindern, dass die Bevölkerung zu schnell wächst. Mittlerweile ist die Regel aber abgeschafft.

WO AUF DER WELT LEBEN DIE MENSCHEN AM LÄNGSTEN?

Auf der japanischen Inselgruppe Okinawa leben besonders viele Menschen, die älter als 100 Jahre werden. Als Grund nennen sie das subtropische Klima und ihre Ernährung mit viel Gemüse und wenig Fleisch.

IN WELCHEM LAND LEBEN DIE MEISTEN MENSCHEN?

In Indien. Das Land hat 1,45 Milliarden Einwohner. Es folgt China mit 1,41 Milliarden Menschen.

WO BEFINDET SICH DIE GRÖSSTE STADT DER WELT?

In der Stadt Chongqing in China leben so viele Menschen wie an keinem anderen Ort der Welt. Die Fläche der Stadt ist so groß wie Österreich. Und sie wächst immer weiter!

WELCHES LAND MISST DAS GLÜCK SEINER EINWOHNER?

Bhutan ist ein kleines Land östlich von Indien. In den 1960er-Jahren wollte der damalige König, dass sein Volk besonders glücklich wird. Deshalb erfand er das Bruttonationalglück. In Befragungen wird geprüft, wie glücklich die Menschen sind. Je mehr Menschen glücklich sind, desto höher ist das Bruttonationalglück.

WAS IST NESSIE?

In dem schottischen See Loch Ness lebt angeblich ein Monster. Es wird liebevoll Nessie genannt. Immer wieder behaupten Leute, sie hätten Nessie gesehen, aber bislang konnte das niemand beweisen.

WAS IST DIE „NEUE WELT"?

Im 15. Jahrhundert fuhren Menschen aus Europa los, um die Welt zu erkunden. Dabei entdeckten sie den Kontinent Amerika, den sie zuvor nicht gekannt hatten. Sie nannten Amerika deshalb „neue Welt".

WAS SIND GEOGLYPHEN?

Geoglyphen sind Linien am Boden. Aus der Luft betrachtet ergeben sie riesige Zeichnungen. Sie entstanden aber schon vor Tausenden von Jahren, also bevor die Menschen Maschinen hatten, mit denen sie fliegen können. Deshalb glauben manche, dass es sich bei den Linien um Landebahnen für Außerirdische handelt.

GIBT ES EINEN ACHTEN KONTINENT?

Unsere Welt hat sieben Kontinente: Afrika, Europa, Nord- und Südamerika, Australien, Asien und die Antarktis. Aber im Meer befindet sich eine weitere große Landmasse. Sie heißt Zealandia und gehört wahrscheinlich zu Neuseeland. Zealandia wird oft als achter Kontinent bezeichnet.

WARUM NANNTE KOLUMBUS DIE MENSCHEN IN AMERIKA „INDIANER"?

Christoph Kolumbus fuhr 1492 los, weil er einen neuen Seeweg von Spanien nach Indien finden wollte. Aber er verfuhr sich und landete in Amerika. Weil er dachte, er sei in Indien, nannte er die Menschen dort „Indianer".

WELCHES IST DAS GRÖSSTE ISLAMISCHE LAND DER WELT?

Indonesien. Rund 88 Prozent der Bevölkerung sind Muslime und Muslima.

WIE VIELE INSELN HAT INDONESIEN?

Indonesien hat etwa 16.000 Inseln.
Auf 6.000 davon leben Menschen.

WIE HEISST DER GOTT DER BUDDHISTEN?

Der Buddhismus ist eine Lehre aus Asien. Manche
betrachten sie als Religion, andere als eine Idee, wie
man leben kann. Es geht nicht darum, einen oder
mehrere Götter zu verehren. Stattdessen versuchen
die Menschen, eine tiefe Einsicht zu bekommen.
Wer sie erlangt, ist „erleuchtet" und wird als
„Buddha" bezeichnet. Der Gründer des Buddhismus
war Siddharta Gautama, der erste Buddha.

WELCHE RELIGION HAT DIE MEISTEN ANHÄNGER?

Das Christentum. Aber nicht alle Christen glauben
das Gleiche. Die verschiedenen Glaubensrichtungen
nennt man Konfessionen. Die bekanntesten
Konfessionen sind Katholiken, Protestanten,
Orthodoxe und Anglikaner.

WAS IST DIE KLAGEMAUER IN JERUSALEM?

In der israelischen Stadt Jerusalem gibt es
einen Berg namens Tempelberg. Früher stand darauf
ein großer Tempel, bis die Römer ihn zerstörten.
Nur ein Teil der Mauer blieb zurück.
Diese Mauer wird heute als Klagemauer bezeichnet.
Für Menschen jüdischen Glaubens ist sie
ein Heiligtum. Sie kommen her, um zu trauern und
zu beten. Manche schreiben ihre Gebete auf Zettel
und stecken sie in die Mauerritzen.

WAS IST DAS GEHEIMNIS DER OSTERINSEL?

Die Osterinsel liegt ziemlich abgelegen im Südpazifik.
Ihren Namen bekam sie, weil die Europäer sie
an einem Ostersonntag entdeckten.
Die Menschen, die dort leben, nennen sie „Rapa Nui".
Auf der Insel stehen riesige Steinstatuen,
die Moai. Sie wurden vor etwa 1.500 Jahren
errichtet. Warum, weiß heute niemand mehr,
es ist ein großes Geheimnis!

WO STEHT DIE GRÖSSTE STATUE DER WELT?

In Indien. Die „Statue der Einheit" misst 182 Meter – das ist doppelt so hoch wie die Freiheitsstatue in New York. Sie zeigt den Freiheitskämpfer Sardar Vallabhbhai Patel, der für die Befreiung Indiens von der Herrschaft Großbritanniens kämpfte.

WAS SIND DOLMEN?

Dolmen (manchmal auch „Hünengräber") sind drei oder mehr Steinblöcke, auf denen wie ein Deckel ein weiterer Steinblock liegt. Sie wurden früher über Gräbern errichtet. Es gibt sie überall auf der Welt, insbesondere auf der koreanischen Halbinsel. Dort findet man über 30.000 und manche davon sind 3.000 Jahre alt!

WELCHER BERG HAT DEN LÄNGSTEN NAMEN?

Der Taumatawhakatangihangakoauauotamatea-turipukakapikimaungahoronukupokaiwhenuakitanata-hu. Er ist 305 Meter hoch und steht auf Neuseeland. Das maorische Wort mit 85 Buchstaben bedeutet etwa „Der Ort, an dem Tamatea, der Mann mit den großen Knien, der Berge hinabrutschte, emporkletterte und verschluckte, bekannt als der Landfresser, seine Flöte für seine Geliebte spielte". Streng genommen ist der Taumata gar kein Berg, sondern ein Hügel.

SIEHT ES IRGENDWO AUF DER ERDE AUS WIE AUF DEM MARS?

In der Atacama-Wüste in Südamerika. Dort ist es so trocken, dass der Boden ganz rot ist und nichts wachsen kann – genau wie auf dem Mars.

WIE HEISST DIE FREIHEITSSTATUE IN NEW YORK WIRKLICH?

Die Freiheitsstatue ist ein riesiges Standbild in den USA. Sie steht auf der Insel „Liberty Island" im Hafen der Stadt New York. Sie war einmal ein Geschenk der Freundschaft von Frankreich an die USA. Ihr französischer Name lautet „La Liberté éclairant le monde". Das bedeutet auf Deutsch „Die Freiheit erleuchtet die Welt".

WELCHE INSEL HAT EINE BESONDERS SCHÖNE FORM?

Die Insel Galesnjak hat eine ganz besondere Form. Sie gehört zu Kroatien und sieht von oben betrachtet aus wie ein Herz. Sie wird auch „Kroatische Insel der Liebe" genannt. Menschen wohnen hier nicht, aber dafür viele Kaninchen. Sie gehört Privatpersonen. In der Natur sind herzförmige Objekte sehr selten.

WIE LANG IST DIE CHINESISCHE MAUER?

21.196 Kilometer. Sie ist das größte von Menschen geschaffene Bauwerk. In China heißt sie „Tausend Meilen langer Weg". Da die Mauer sehr alt ist und langsam zerfällt, darf man heute nur noch wenige Kilometer besteigen.

WAS IST DER TAJ MAHAL IN INDIEN?

Ein Grab. Der Name bedeutet „Krone des Palastes".
Der Herrscher Shah Jahan ließ ihn vor über
400 Jahren für seine verstorbene Frau bauen.
Er besteht aus Marmor und sieht von allen
vier Seiten genau gleich aus.

STEHEN ALLE SIEBEN WELTWUNDER NOCH?

Die sieben Weltwunder der Antike waren
großartige Gebäude und Statuen aus der Zeit vor
dem Römischen Reich. Heute stehen nur noch die
Pyramiden von Gizeh in Ägypten. Dafür gibt es
verschiedene Listen mit sieben neuen Weltwundern
auch außerhalb von Europa.

GIBT ES WIRKLICH EINE KIRCHE AUS SALZ?

Es gibt sogar zwei: Die Kinga-Kapelle in Polen und
die Catedral del Sal in Kolumbien. Beide befinden
sich tief unter der Erde in Salzbergwerken.

WELCHE BESONDERE HÖHLE WURDE VON JUGENDLICHEN ENTDECKT?

Die Höhle von Lascaux in Frankreich.
Auf der Suche nach ihrem Hund, der einem Kaninchen hinterhergejagt war, wurde sie von vier Jugendlichen entdeckt. In der Höhle befinden sich berühmte Malereien aus der Vorgeschichte, also aus der Zeit, als die Menschen noch keine Schrift hatten.

WELCHER IST DER LÄNGSTE EISENBAHNTUNNEL DER WELT?

Der längste Eisenbahntunnel der Welt ist der Gotthard-Tunnel. Er befindet sich in den Schweizer Alpen und ist 57,1 Kilometer lang.

WAS IST DER MANNEKEN PIS?

Der Manneken Pis (deutsch: „pieselndes Männchen") ist eine Brunnenfigur in der belgischen Stadt Brüssel. Sie zeigt einen kleinen Jungen beim Pinkeln. Es gibt viele Geschichten über die Figur. Eine besagt, dass ein Junge mit seinem Urin die Stadt vor einem Feuer rettete. Was es so alles gibt …

WO STEHT DER SCHIEFSTE TURM DER WELT?

Der berühmteste schiefe Turm ist der Schiefe Turm von Pisa in der italienischen Stadt Pisa. Aber in Deutschland steht ein Turm, der noch schiefer ist: der Schiefe Turm von Gau-Weinheim in Hessen. Beide Türme sind ungewollt schief. Der Capital Gate Wolkenkratzer in Dubai ist noch schiefer, jedoch wurde er mit Absicht so gebaut.

WARUM GIBT ES IN CHINA KEINEN VIERTEN STOCK?

Die Zahl vier gilt in China als Unglückszahl, denn im Chinesischen klingt das Wort für „vier" ausgesprochen fast so wie das Wort für „Tod". Darum gibt es dort in Gebäuden keinen vierten Stock.

IN WELCHEM LAND WIRFT MAN MIT BAUMSTÄMMEN?

In Schottland! Dort ist das Baumstammwerfen eine traditionelle Sportart. In Schottland findet sogar eine Weltmeisterschaft im Baumstammwerfen statt!

WELCHE FARBE HAT DIE GOLDEN GATE BRIDGE?

Die Golden Gate Bridge steht in der Stadt San Francisco in den USA. Sie ist rot. Auf Deutsch bedeutet ihr Name so viel wie „Goldene Torbrücke". Ihren Namen hat sie von der unter ihr liegenden Bucht namens „Golden Gate" (deutsch: „goldenes Tor"). Die rote Farbe kommt eigentlich vom Rostschutzmittel.

WAS IST DAS HUNDERTWASSERHAUS?

Das Hundertwasserhaus ist eine Wohnanlage in der österreichischen Stadt Wien. Entworfen wurde es von dem Künstler Friedensreich Hundertwasser. Er wollte besonders natur- und menschennah bauen, weshalb das Haus mit vielen Pflanzen bewachsen ist. Das Besondere am Hundertwasserhaus sind seine bunten Mauern, die unterschiedlichen Fenster, die vielen unregelmäßigen Mosaiken an der Wand und die schiefen Böden im Eingangsbereich.

WARUM WIRFT MAN IN GRIECHENLAND MANCHMAL MIT TELLERN?

In Griechenland bedeutet zerbrochenes Geschirr Glück und soll Böses vertreiben. Früher wurde darum etwa auf Hochzeiten Tongeschirr zerschlagen. Heute passiert das nur noch sehr selten. Manche Restaurants versuchen Gäste anzulocken, indem die Kellner draußen Teller auf den Boden werfen. Aber besser nicht nachmachen, die Scherben können schwer verletzen!

WELCHE KAMPFKUNST IST AUCH EIN TANZ?

Moringue ist ein traditioneller Kampftanz auf der Insel Madagaskar. Auch auf der Insel Réunion und in der Region Mayotte gibt es eigene Versionen. Erfunden wurde der Sport im 18. Jahrhundert von Schwarzen Sklaven. Sie durften sich nicht prügeln und tarnten Kämpfe darum als Tänze. Ein Moringue-Kampf muss von Musik begleitet werden, zwischendurch wird getanzt und das Publikum singt zur Unterstützung.

WOMIT BEWIRFT MAN IN TSCHECHIEN DAS BRAUTPAAR?

Mit Erbsen! Der Erbsenregen soll dem Paar Glück und viele Kinder bringen.

GIBT ES WIRKLICH EIN LAND, IN DEM MAN MIT KRONEN BEZAHLT?

Ja, sogar in mehreren: in Schweden, Norwegen, Dänemark, Island und Tschechien. Das sind aber keine Königskronen, sondern der Name für die Währungen, also das Geld in diesen Ländern. Die Kronen sind aber ganz verschieden und gelten nur für jedes einzelne Land. Man kann also nicht etwa mit dänischen Kronen in Norwegen bezahlen.

UNSER ALLTAG

WIE LANGE MUSS MAN ZUR SCHULE GEHEN?

Das ist in allen Ländern ganz unterschiedlich.
In Deutschland müssen alle Kinder vom
sechsten bis zum 18. Lebensjahr zur Schule gehen,
davon bis zur 9. oder 10. Klasse in Vollzeit.
Danach kann man eine allgemeinbildende oder eine
Berufsschule besuchen. In der Schweiz dauert
die Schulpflicht elf Jahre und beginnt ab dem
vierten Lebensjahr mit dem Kindergarten.
In Österreich muss neun Jahre lang
eine Schule besucht werden. Anschließend gibt
es bis zum Ende des 18. Lebensjahres
eine Ausbildungspflicht.

MUSS MAN ZUM MILITÄR GEHEN?

In manchen Ländern gibt es eine sogenannte
„allgemeine Wehrpflicht". Das bedeutet,
dass bestimmte Menschen für eine bestimmte Zeit
zum Militär gehen müssen. In Österreich müssen
alle Männer ab 18 Jahren zum Militär und in
der Schweiz ab 19 Jahren. In Deutschland wurde
die Wehrpflicht 2011 ausgesetzt.

DÜRFEN FRAUEN HEUTE ÜBERALL AUF DER WELT WÄHLEN?

Nein. In Vatikanstadt dürfen nur Menschen mit
dem Beruf Kardinal, die jünger als achtzig Jahre alt
sind, wählen. Frauen dürfen diesen Beruf nicht
ausüben und daher auch nicht wählen. In anderen
Ländern darf niemand wählen, weil es keine Wahlen
gibt. Diese Länder sind keine Demokratien.

MIT WIE VIEL JAHREN KANN MAN IN DEN USA DEN FÜHRERSCHEIN MACHEN?

In den USA gibt es verschiedene Bundesstaaten.
Jeder Bundesstaat legt fest, ab wie viel Jahren
man den Führerschein machen kann.
In den meisten ist das mit 16 Jahren möglich,
in anderen ab 18 und in wenigen schon ab 15.

MIT WIE VIEL JAHREN IST MAN VOLLJÄHRIG?

In den meisten Ländern ist man mit 18 volljährig
(etwa in Deutschland, Österreich und der Schweiz),
in manchen Ländern schon mit 16 und
in anderen erst mit 21.

ESSEN DIE MENSCHEN IN JAPAN WIRKLICH GIFTIGEN FISCH?

In manchen Organen von Kugelfischen steckt ein tödliches Gift. Trotzdem essen die Menschen in Japan diese Tiere sehr gerne. Kugelfisch heißt auf Japanisch „Fugu". Bevor man den Fisch zubereiten darf, muss man zwei Jahre in einem Fugu-Restaurant arbeiten und eine Prüfung bestehen, denn ein falscher Schnitt und das Gift kommt aus den Organen. Mittlerweile werden auch Kugelfische ohne Gift gezüchtet.

WARUM IST PALMÖL SCHLECHT?

In vielen Lebensmitteln und anderen Produkten wie Cremes steckt der Stoff Palmöl. Er stammt aus dem Fruchtfleisch von Ölpalmen. Um viele von ihnen anbauen zu können, werden große Flächen Regenwald abgeholzt, wodurch Tiere ihren Lebensraum verlieren und der Klimawandel verstärkt wird. Zum Schutz der Ölpalmen werden zudem giftige Stoffe versprüht, die Schädlinge fernhalten sollen. Später wird das Palmöl über weite Strecken aus Südostasien oder Afrika in die Welt transportiert. Dabei gelangen Schadstoffe in die Luft. Palmöl wird verdächtigt, bestimmte Krankheiten zu fördern, insbesondere bei Kindern. Ob ein Produkt Palmöl enthält, steht auf der Packung.

WO ISST MAN VOGELSPINNEN?

In Kambodscha essen die Menschen gerne zwischendurch gegrillte Vogelspinnen.

ESSEN MEHR MENSCHEN MIT DER GABEL ODER MIT STÄBCHEN?

Auf der Welt essen mehr Menschen mit einer Gabel als mit Stäbchen. Stäbchen werden hauptsächlich in Ostasien benutzt. Aber die Hälfte aller Menschen nehmen zum Essen weder Gabel noch Stäbchen, sondern ... ihre Finger! Sehr praktisch.

SIND TAUSENDJÄHRIGE EIER TAUSEND JAHRE ALT?

Nein! Tausendjährige Eier sind Enten- oder Hühnereier. Sie werden roh in einen Brei aus verschiedenen Zutaten wie Salz, Teeblätter und Holzasche eingelegt. So bleiben sie drei Jahre lang frisch. Zum Essen werden sie aus dem Brei geholt, dann sind sie außen dunkel und innen grün geworden. In China sind die Eier sehr beliebt. Der Name kommt daher, dass die Herstellung so lange dauert.

WAS IST EINE TAJINE?

Eine Tajine ist ein Schmorgefäß. Sie besteht aus einem flachen runden Tontopf mit einem langen spitzen Deckel. An der Spitze des Deckels ist eine Mulde. Die Speisen werden kurz angebraten und dann in die Taijine gefüllt, danach wird sie über ein Feuer gestellt. Durch den heißen Dampf wird das Essen gar gekocht. Das nennt man schmoren. Speisen aus der Taijine heißen ebenfalls Taijine.

WORAUS BESTEHT TOFU?

Aus Sojabohnen.

WAS IST EIN WOK?

Ein Wok ist eine Art Pfanne mit hohen Rändern. Er sieht aus wie eine Schüssel mit einem Stiel oder zwei Henkeln. In Süd- und Südostasien sowie China benutzen viele Menschen Woks zum Braten und Kochen.

WO KANN MAN YAKMILCH TRINKEN?

Yakmilch ist die Milch von Yaks. Yaks leben in der Mitte von Asien, vor allem in Tibet. Also kann man dort ihre Milch trinken.

WO ISST MAN PITA?

Pita ist ein dickes und weiches Fladenbrot aus Hefe. Manche Pitas lassen sich öffnen, sodass man Gemüse oder Fleisch hineinstecken kann. Andere kann man wie einen Löffel benutzen und etwas vom Teller heben. Besonders beliebt ist Pita in Griechenland und Westasien.

WOHER KOMMEN TOMATEN?

Ursprünglich stammen die wilden Tomaten aus Süd- und Mittelamerika. Dort haben die Menschen sie schon vor 2.000 Jahren angebaut. Nach Europa kamen die ersten Tomaten um 1500. Heute wachsen Tomaten auch hier in sehr warmen Gewächshäusern.

WARUM SAGT MAN ZU FAHRRÄDERN „DRAHTESEL"?

Früher benutzten die Menschen häufig Esel oder Pferde, um schwere Lasten zu tragen oder zu ziehen. Ab 1817 wurde dann das Fahrrad erfunden. Es hat Drahtspeichen und der Rahmen bestand früher aus Hochstahl. Esel und Pferde wurden immer weniger benutzt, das Fahrrad immer mehr, und so entstanden die scherzhaften Bezeichnungen „Drahtesel" und „Stahlross".

WAS IST EIN TUK TUK?

Ein Tuk Tuk oder eine Autoriksha ist ein kleines Gefährt mit einem Motor und zwei oder drei Rädern. Vorne sitzt ein Fahrer, dahinter die Gäste. In Südasien, Südostasien, Arabien und manchen afrikanischen Ländern dienen sie als Taxis, zum Transport oder für Touristenfahrten. Der Name „Tuk Tuk" kommt von dem tuckernden Geräusch des Motors.

WIE GROSS IST DAS GRÖSSTE CONTAINERSCHIFF DER WELT?

Das größte Containerschiff der Welt ist die Ever Alot. Sie ist 400 Meter lang und 61 Meter breit. Aber da immer größere Containerschiffe gebaut werden, um mit einer Fahrt möglichst viel transportieren zu können, wird es sicher bald ein noch größeres geben.

WELCHES VERKEHRSMITTEL WIRD IN DER STADT AM HÄUFIGSTEN BENUTZT?

Der Fahrstuhl!

SEIT WANN GIBT ES DIE U-BAHN?

Die erste U-Bahn der Welt wurde 1863 in London eröffnet. Sie fuhr vom Bahnhof Paddington zur Station Farringdon.

IN WIE VIELEN LÄNDERN FÄHRT MAN AUF DER LINKEN SEITE?

In ungefähr 78 Ländern.

Tuk Tuk

IST SCHUBSEN IN JAPAN EIN BERUF?

Na ja, eher Schieben. In Japan gibt es „Oshiya". Das sind Menschen, die für die U-Bahn arbeiten und in der Hauptstadt Tokio an besonders vollen Bahnsteigen aufpassen, dass die Türen ordentlich zugehen. Das ist nicht ganz leicht, denn in Tokio fahren jeden Tag sehr viele Menschen mit der Bahn. Darum müssen die Oshiya ordentlich schieben und drücken, damit der Zug pünktlich abfahren kann. Zu erkennen sind sie an ihren Uniformen, zu denen weiße Handschuhe gehören.

GIBT ES FLUGZEUGE MIT MEHREREN ETAGEN?

Ja. Doppelstöckige Flugzeuge bieten
mehr Platz als andere Flugzeuge.

WIE SCHNELL IST DER SCHNELLSTE ZUG DER WELT?

Der chinesische Zug Shanghai Maglev bringt
es auf 460 Kilometer pro Stunde (km/h).
Der schnellste ICE schafft 330 km/h.
Es soll noch flotter gehen: China baut
einen Zug, der 1.000 km/h schafft – das ist
so schnell wie ein Passagierflugzeug!

WELCHES IST DAS SICHERSTE VERKEHRSMITTEL DER WELT?

Das Flugzeug. Flugzeugunfälle sind sehr schrecklich,
weil dabei viele Menschen auf einmal verletzt
werden oder sterben. Aber viel häufiger
gibt es Unfälle mit Autos.

WO IST DIE LÄNGSTE ZUGSTRECKE DER WELT?

Die längste Zugstrecke der Welt verbindet
die russischen Städte Moskau und Wladiwostok.
Sie misst 9.259 Kilometer!

WAS IST BATIK?

Batik ist eine Technik zum Färben von Stoffen.
Sie kommt aus Indonesien. Beim Batiken werden
Muster auf einen Stoff gezeichnet und abgedeckt.
Anschließend wird der restliche Stoff gefärbt.
Dort, wo die Abdeckung ist, behält der Stoff
seine alte Farbe.

WAS IST EIN KILT?

Ein Kilt ist ein knielanger Rock. Er wird
von Männern in Schottland getragen, deshalb
heißt er auch Schottenrock. Zum Kilt tragen
die Männer lange Kniestrümpfe –
aber keine Unterhose.

WER HAT DIE KRAWATTE ERFUNDEN?

Das ist nicht ganz klar. Wahrscheinlich kommt
die Idee von kroatischen Soldaten, die im
17. Jahrhundert Frankreich im Krieg halfen.
Sie trugen bunte Tücher um den Hals, die „cravat"
genannt wurden. Das klingt so ähnlich wie
das französische Wort für Kroate, „croate".
Heute werden Krawatten meistens von Männern
zu feierlichen Anlässen oder zur Arbeit getragen.

WAS IST EIN SARI?

Ein Kleidungsstück. Es besteht aus einem
um den Körper gewickelten Rock und einem Tuch,
das über eine Schulter geworfen wird.
Saris sind meistens sehr bunt und schön verziert.
In Südasien tragen Frauen Saris im Alltag und
zu besonderen Festen.

WAS SIND DIE MOKASSINS?

Mokassins sind flache weiche Lederschuhe
zum Reinschlüpfen. Sie sind eines der ältesten
Schuhmodelle der Welt und bekannt als Schuhe
der indigenen Völker Nordamerikas.

WAS IST ANGORA-WOLLE?

Angora-Wolle besteht aus dem Haar von
Angora-Kaninchen. Es ist sehr lang und weiß.
Wenn die Haare der Kaninchen locker sind,
können sie ganz vorsichtig ausgekämmt werden.
Dabei darf man den Tieren aber nicht wehtun!

WAS IST EIN BOUBOU?

Ein Boubou ist ein weites Kleidungsstück,
das in verschiedenen afrikanischen Ländern
getragen wird. Es reicht etwa bis zu den Fußknöcheln.
Den Boubou gibt es schon seit dem
9. Jahrhundert. Damals durften ihn nur Könige tragen.
Heute dagegen ziehen viele Menschen
verschiedene Arten von Boubous an.

WIE WIRD SEIDE GEMACHT?

Seide ist ein sehr feiner und leichter Stoff.
Er wird aus den Kokons von Seidenraupen gewonnen.
Die Raupen fressen die Blätter des Maulbeerbaums.
Wenn sie etwa einen Monat alt sind, spinnen
sie einen langen Seidenfaden und wickeln
sich darin ein. Das nennt man Kokon.
Die Kokons werden eingesammelt und
heiß gekocht. Anschließend wird die Seide
abgewickelt, gewaschen und gesponnen.

WORAUS BESTEHEN FLEECE-PULLIS?

Fleece ist ein Stoff, aus dem Kleidung gemacht wird.
Er besteht aus dem künstlichen Material Polyester.
Polyester kann zum Beispiel aus Plastikflaschen
hergestellt werden. Weil Fleece sehr warm hält,
werden daraus Pullis und Jacken gemacht.

WARUM SAGT MAN ZU TURNSCHUHEN AUCH „SNEAKERS"?

Das Wort „Sneakers" kommt von
dem Englischen „to sneak".
Das bedeutet „schleichen", denn mit
den Gummisohlen der Sneakers
ist man besonders leise.

WELCHES AUTO IST SCHNELLER, FORMEL 1 ODER FORMEL E?

Im Formelsport fahren Fahrzeuge gegeneinander um die Wette. Damit es gerecht bleibt und ein Fahrzeug keine technischen Vorteile gegenüber einem anderen hat, gibt es bestimmte Regeln, die Formeln genannt werden. Ihre Einhaltung wird von einem internationalen Verband überwacht. Die Formel E ist ein Rennen für Autos mit einem elektrischen Antrieb, die Formel 1 für solche mit einem Antrieb aus Benzin oder Diesel. Der Rekord der Formel 1 liegt bei 397 Kilometern pro Stunde, in der Formel E bei 280. Formelsport gibt es auch für Flugzeuge und Rennboote.

WAS IST DER ZEHNKAMPF?

Zehnkampf ist ein Sport, bei dem Menschen an zwei Tagen in zehn verschiedenen Aufgaben gegeneinander antreten. Tag eins besteht aus: einem 100-Meter-Lauf, Weitsprung, Kugelstoßen, Hochsprung und einem 400-Meter-Lauf. Am zweiten Tag gibt es einen 110-Meter-Hürdenlauf, Diskuswurf, Stabhochsprung, Speerwurf und einen 1.500-Meter-Lauf.

WER KÜMMERT SICH UM DAS AUSSEHEN DER TOTEN?

Wenn ein Mensch verstorben ist, möchten jene, denen er wichtig war, ihn vielleicht noch einmal sehen. Doch Leichen sehen sehr schnell sehr eigenartig aus. Darum gibt es Menschen, die den Körper so bearbeiten, dass es aussieht, als würde der Mensch schlafen. Sie heißen Thanatopraktiker. So können die Lebenden sich leichter verabschieden.

BEI WELCHEM SPORT WIRD DER BODEN GEWISCHT?

Curling ist ein Wintersport, bei dem zwei Mannschaften versuchen, ihre Steine in die Mitte einer Eisfläche zu schubsen. Damit die Steine besser rutschen, dürfen die Spieler mit besonderen Curling-Besen über das Eis wischen, um es glatt zu machen.

WELCHES IST DER BEKANNTESTE SPORT DER WELT?

Fußball

WAS MACHT EIN PARFÜMEUR?

Parfüm herstellen.

WAS IST EIN IMKER?

Ein Bienenzüchter.

WIE VIELE HÜRDEN GIBT ES BEIM 110-METER-HÜRDENLAUF?

Zehn.

BEI WELCHEM SPORT WIRD GALOPPIERT?

Im Reitsport. Der Galopp ist die schnellste Gangart für Pferde.

WAS IST EIN DABBAWALA?

Ein Dabbawala ist in Indien eine Person, die Essen ausliefert. Wer seinem Familienmitglied eine warme Mahlzeit zur Arbeit schicken möchte, gibt sie einem Dabbawala. „Dabba" bedeutet „Box" und kommt von den speziellen Behältern, die das Essen warm halten. Den Beruf gibt es schon seit 125 Jahren.

WIE LANGE BRAUCHT MAN, UM ARZT ZU WERDEN?

Das kann von Land zu Land unterschiedlich sein. In Deutschland, Österreich und der Schweiz studiert man sechs Jahre lang an der Universität.

WANN FINDEN DIE OLYMPISCHEN SPIELE STATT?

Alle vier Jahre seit 1986, jeweils an einem anderen Ort auf der Welt. Neben der Fußball-Weltmeisterschaft sind sie heute das größte Sportereignis der Welt. Sie sollen die Freundschaft zwischen den teilnehmenden Ländern stärken.

WAS MACHT EIN SCHLANGENMELKER?

Ein Schlangenmelker melkt Schlangen und entnimmt ihnen so ihr Gift. Aus dem Gift können Medikamente oder Gegengifte hergestellt werden.

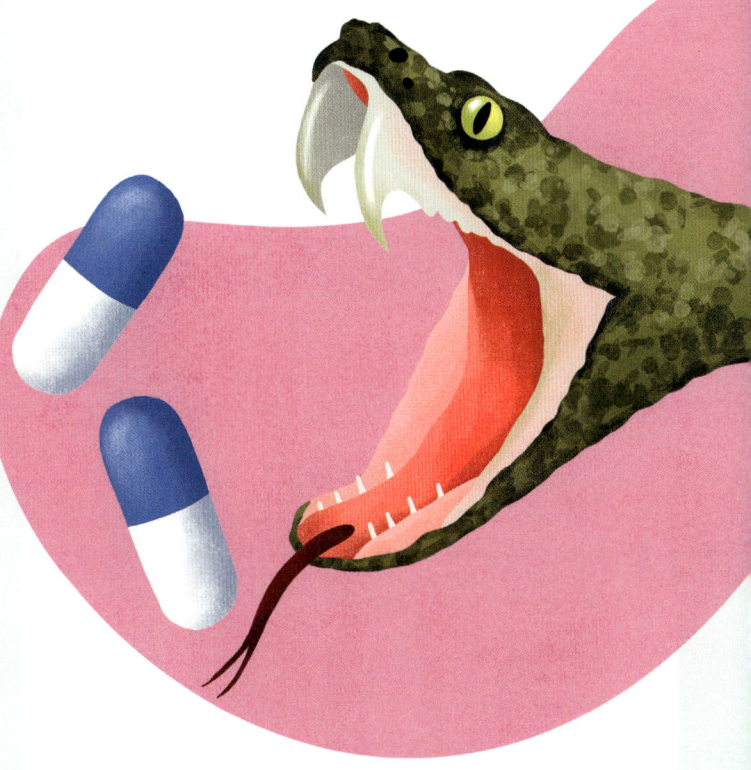

WAS IST EINE ISBA?

Ein traditionelles russisches Holzhaus auf dem Land. Der Begriff kommt aus dem Altrussischen und meint eigentlich einen beheizten Raum.

WAS IST EINE JURTE?

Das traditionelle Zelt der Nomaden in Zentralasien, insbesondere der Mongolei. Nomaden bleiben nicht an einem Ort, sondern wandern umher. Die Jurte kann recht schnell auf- und abgebaut werden.

WOMIT MISST MAN IN JAPAN EINE WOHNUNG?

Tatamis sind Matten aus gekochtem Reisstroh. Manche sind so groß, dass man darauf liegen kann, auf anderen kann man sitzen. In Japan werden sie als Fußbelag verwendet. Die Größe eines Zimmers wird an der Anzahl der Tatamis darin gemessen.

KANN MAN IN EINEM IGLU WOHNEN?

Iglus sind runde Schneehütten. Die Völker der Arktis bauten sie, um unterwegs darin zu übernachten, denn sie schützten vor dem Wind, hielten warm und konnten schnell gebaut werden. Wohnen taten die Menschen dagegen in Häusern aus Holz und Stein oder im Sommer in Zelten.

WAS IST EINE FAHRGEMEINSCHAFT?

Wenn Menschen sich ein Auto teilen,
um gemeinsam irgendwohin zu fahren,
bilden sie eine Fahrgemeinschaft.

WORAUS WIRD PAPIER HERGESTELLT?

Aus Holz, Textilien oder Altpapier.

WAS IST EIN HYBRID-AUTO?

Autos haben einen Motor. Es gibt Elektromotoren, die
über elektrischen Strom laufen, und Verbrennungs-
motoren, die Benzin oder Diesel benötigen.
Ein Hybrid-Auto ist eine Mischform und benutzt
beide Arten von Motoren.

WAS IST EIN NIEDRIGENERGIEHAUS?

Ein Niedrigenergiehaus oder Passivhaus
verbraucht deutlich weniger Energie und ist damit
besser für die Umwelt als andere Häuser.

WAS BEDEUTET TREIBHAUSEFFEKT?

Der Treibhauseffekt sorgt dafür, dass es
auf der Erde warm ist. Ohne ihn wäre es eisig kalt.
Um die Erde befindet sich eine schützende,
unsichtbare Schicht namens Atmosphäre. Sie besteht
aus vielen Gasen, wie etwa Kohlenstoffdioxid,
kurz CO_2. Strahlt das warme Sonnenlicht auf
die Erde, sorgt die Atmosphäre dafür, dass
die Wärme auf der Erde bleibt. Sie lässt aber
auch einen Teil wieder zurück ins All, sonst
wird es zu heiß. Wenn zu viele Gase in
der Atmosphäre sind, ist sie zu dick und
zu wenig Wärme kann nach draußen entweichen.
Auf der Erde wird es dann immer wärmer.

WIE VIEL WASSER WIRD VERBRAUCHT, WENN DER WASSERHAHN EINE MINUTE LANG LÄUFT?

Etwa zwölf Liter Wasser! Das ist wirklich viel!
Es gibt auch Sparhähne, die weniger verbrauchen.
In allen Fällen gilt: Niemals das Wasser grundlos
laufen lassen und den Hahn immer gut zudrehen!

12 Liter

GESCHICHTE

SIND DIE NEANDERTALER UNSERE VORFAHREN?

Die ersten Menschen stammen aus Afrika. Manche von ihnen wanderten nach Europa. Das sind die Neandertaler. Andere blieben in Afrika. Sie heißen „Homo sapiens" und sind unsere Vorfahren. Später zogen sie über die ganze Erde, auch nach Europa. Dort trafen sie die Neandertaler und lebten viele Tausend Jahre mit ihnen zusammen, bis die Neandertaler vor 30.000 Jahren verschwanden. Warum, wissen wir nicht. Homo sapiens blieb und entwickelte sich zum heutigen Menschen. Ein kleines bisschen Neandertaler steckt aber seit damals in uns.

WIE HIESSEN DIE ÄGYPTISCHEN KÖNIGE?

Pharaonen. Das Wort kommt von dem ägyptischen „Per aa". Das bedeutet „großes Haus" und meinte zuerst nur den Palast und ab etwa 970 vor Christus auch den Herrscher.

HATTE KLEOPATRA EINE LANGE NASE?

Das weiß niemand. Angeblich soll sie sehr schön gewesen sein und eine besonders hübsche Nase gehabt haben.

WER FAND HERAUS, WIE MAN HIEROGLYPHEN LIEST?

Der Franzose Jean-François Champollion. Er schaffte es im 19. Jahrhundert, die ägyptischen Zeichen nach vielen Versuchen zu entziffern. Dafür benutzte er den Stein von Rosetta. Auf diesen wurde vor 2.000 Jahren ein Text in drei Sprachen geschrieben: in Hieroglyphen, auf Demotisch und auf Altgriechisch. Demotisch war die Schrift, die man zu der Zeit in Ägypten benutzte. Hieroglyphen las damals kaum noch jemand. Champollion konnte Griechisch und schaffte es so, die Hieroglyphen zu übersetzen.

WER WAR LUCY?

Ein früher Mensch der Art „Australopithecus afarensis". Sie lebte vor etwa 3,3 Millionen Jahren in Äthiopien. Ihr Skelett ist eines der ältesten menschlichen Skelette, die bislang gefunden wurden.

WER HAT DIE SCHRIFT ERFUNDEN?

Die Sumerer. Die Sumerer sind ein Volk, das im heutigen Syrien und vor allem im Irak lebte. Ihre Schrift bestand aus Bildern, die sie in Steine klopften. Das war vor etwa 4.000 Jahren.

WIE LAUTETE DER RICHTIGE NAME VON JULIUS CÄSAR?

Gaius Iulius. „Cäsar" war ein Beiname. Was genau er bedeutete, weiß man nicht. Von ihm kommt das deutsche Wort „Kaiser".

WER HAT JULIUS CÄSAR GETÖTET?

Brutus, sein Ziehsohn, und andere römische Politiker, die gegen ihn waren. Sie stachen ganze 23-mal auf ihn ein.

WER WAREN ROMULUS UND REMUS?

Nach einer römischen Sage waren Romulus und Remus die Gründer der Stadt Rom. Sie sollen die Kinder des Kriegsgottes Mars und einer Priesterin gewesen sein. Die beiden wurden als Babys ausgesetzt und ihr Schreien lockte eine Wölfin an, die sie an ihren Zitzen trinken ließ. Dieses Bild ist die berühmteste Darstellung der beiden Brüder.

WIE HEISST DAS KLEIDUNGSSTÜCK, DAS DIE RÖMER TRUGEN?

Toga.

WIE VIELE ZUSCHAUER PASSTEN INS KOLOSSEUM IN ROM?

Das Kolosseum ist ein Stadion in der italienischen Stadt Rom. Es wurde von den Römern gebaut. Früher konnten zwischen 50.000 und 70.000 Menschen auf drei Stockwerken darin Platz nehmen.

WAS IST EIN OPPIDUM?

Ein Oppidum ist eine Siedlung, also ein Ort,
an dem Menschen zusammen wohnen und arbeiten.
Das Wort kommt aus dem Lateinischen und bedeutet
„befestigte Landstadt". Die Römer nannten so
alle Siedlungen, die für sie keine Städte waren.

WER SIND ZEUS UND JUPITER?

Die Römer und Griechen hatten früher viele Götter,
die jeweils unterschiedliche Aufgaben für alle Bereiche des Lebens hatten. Es gab zum Beispiel Götter,
die sich um die Liebe kümmerten oder um das Essen.
Der wichtigste und mächtigste Gott von allen hieß
bei den Römern Jupiter und bei den Griechen Zeus.

WURDE JESUS IM JAHR NULL GEBOREN?

Die Christen wollten gerne, dass die Zeitrechnung
mit der Geburt Jesu Christi beginnt. Ein Mönch
las im Mittelalter die Bibel und rechnete durch ihre
Geschichten aus, wann Jesus geboren sein könnte.
Dieses Jahr nannte er Jahr eins. Heute wissen
wir aber, dass er sich verrechnet hat und Jesus
wohl einige Jahre früher zur Welt kam.

WER HAT DIE OLYMPISCHEN SPIELE ERFUNDEN?

Die Griechen. Sie schickten ihre stärksten und
schnellsten Männer zu einem Sportwettkampf in
die griechische Stadt
Olympia. Damit wollten
sie den Gott Zeus ehren.
Die älteste Siegerliste
stammt aus dem Jahr
776 vor der Geburt
Jesu.

WER WAR POCAHONTAS?

Pocahontas war die Tochter des Häuptlings der
Powhatan, eines Volkes an der Küste von Nordamerika. 1607 bauten Engländer dort eine Siedlung.
Weil sie die Powhatan bestahlen, nahmen diese
den Engländer John Smith fest. Er behauptete,
Pocahontas habe ihren Vater gebeten, Smith nicht
zu töten. Pocahontas besuchte die Siedlung oft und
wurde dort eingesperrt, als ein neuer Streit zwischen
Engländern und Powhatan ausbrach. Später blieb
sie dort, heiratete einen Siedler und reiste mit ihm
nach England, wo sie krank wurde und starb.

AUF WELCHEM TIER RITT HANNIBAL?

Auf einem Elefanten. Hannibal war
ein Politiker und Armeeführer aus dem alten Reich
Karthago im heutigen Tunesien. In einem Krieg
gegen Rom ritten Hannibal und seine Soldaten
auf Elefanten über die Berge der Alpen.
Dafür brauchten sie sechzehn Tage.

WER WAR ATTILA DER HUNNENKÖNIG?

Der Herrscher der Hunnen, eines Volkes, das auf Pferden durch Europa zog. Man weiß wenig über sie, aber es heißt, dass sie angeblich viel zerstörten, stahlen und andere bekämpften. Ihr Ruf ist daher sehr schlecht. Erst nach Attilas Tod wurden die Hunnen besiegt.

GAB ES BEI DEN INKA MENSCHENOPFER?

Die Inka waren ein Volk, das zwischen dem 13. und 16. Jahrhundert in Südamerika lebte und für seine beeindruckenden Bauwerke bekannt ist. Sie hatten viele Götter, und um diese zu erfreuen oder zu beruhigen, brachten sie ihnen manchmal Opfer dar, darunter Kinder und Tiere.

WOHER KAMEN DIE WIKINGER?

Die Wikinger waren ein Volk aus den heutigen Ländern Schweden, Dänemark und Norwegen. Sie wurden auch „Normannen" genannt, das bedeutet „Männer aus dem Norden". Sie reisten mit Schiffen über das Meer, um Handel zu treiben, Menschen auszurauben oder friedlich an einen Ort zu ziehen.

WAR DIE NEUE WELT WIRKLICH NEU?

„Neue Welt" ist ein Name, den die Europäer dem Kontinent Amerika gaben, nachdem sie diesen entdeckt hatten. Die Worte „neu" und „entdeckt" passen aber nur aus europäischer Sicht, denn auf dem Kontinent lebten bereits Menschen – und das seit vielen Tausenden von Jahren.

WELCHER MENSCH REISTE ALS ERSTER MIT EINEM SCHIFF UM DIE WELT?

Ferdinand Magellan war ein Seefahrer aus Portugal. 1519 schickte ihn sein König zu einer Gruppe von Inseln, die heute zu Indonesien gehören. Auf seiner Reise fand er einen Seeweg zwischen dem Atlantik und dem Pazifik, der nach ihm „Magellanstraße" genannt wurde. Sein Ziel erreichte er nie. Er wurde vorher auf einer Insel getötet, die heute zu den Philippinen gehört.

WARUM HEISST AMERIKA „AMERIKA"?

Der Italiener Amerigo Vespucci reiste ab 1503 mehrmals an die Küste von Südamerika. Vor ihm war bereits Christoph Kolumbus dort gewesen, aber er hatte nicht erkannt, dass es sich um einen für die Europäer neuen Kontinent handelte. Vespucci dagegen schon. Als darum eine neue Karte der Welt gezeichnet wurde, bekam der Kontinent seinen Namen: Amerika.

WARUM HEISSEN KÖNIGE IM MITTELALTER „DER GROSSE" ODER „DER KAHLE"?

Um die Herrscher aus dem Mittelalter schnell und leicht unterscheiden zu können, bekamen sie Nummern und Beinamen wie etwa „der Große". Das passierte aber nicht unbedingt zu ihren Lebzeiten und oft sagt eine Bezeichnung wenig über die Person aus. Etwa heißt Karl der Dritte auch „Karl der Einfältige", dabei war er gar nicht dumm. Wie nett oder gemein ein Name ist, hängt davon ab, ob die Menschen, die ihn aussuchten, der Person etwas Gutes tun oder ihr schaden wollten.

WER WAR DSCHINGIS KHAN?

Ein mongolischer Herrscher, der im Mittelalter ein riesiges Reich regierte. Es gilt als das größte der Geschichte. Er erschuf außerdem eine mongolische Schrift. In der Mongolei wird er sehr gemocht, in anderen Ländern halten ihn viele für brutal.

WIE IST JEANNE D'ARC GESTORBEN?

Jeanne d'Arc war eine französische Kriegerin im Mittelalter, die behauptete, im Auftrag Gottes zu arbeiten. Sie verhalf Frankreich zu vielen Siegen im Krieg gegen England, ehe sie gefangen genommen und als Hexe auf einem Scheiterhaufen verbrannt wurde. Seit 1920 ist sie eine Heilige der Katholiken.

WER WAR DER ERSTE MENSCH AM SÜDPOL?

Der Norweger Roald Amundsen. Am 14. Dezember 1911 stellte er als erster Mensch der Welt die Flagge seines Landes am südlichsten Punkt der Erde auf.

Südpol

DAUERTE DER HUNDERTJÄHRIGE KRIEG WIRKLICH HUNDERT JAHRE?

Der Hundertjährige Krieg war ein Krieg zwischen Frankreich und England. Er begann 1337 und endete 1453. Das sind 116 Jahre. Zwischendurch gab es kurze Friedenszeiten.

WER WAR KARL DER GROSSE UND WARUM HIESS ER SO?

Ein fränkischer König im Mittelalter. Er war sehr mächtig und eroberte viele Gebiete im Westen von Europa. Im Jahr 800 wurde er zum Kaiser gekrönt. Karl kümmerte sich sehr darum, viel Wissen über die Religion und die Welt aufschreiben zu lassen. Dafür ließ er eine Schriftart verwenden, die besonders leicht zu lesen und zu schreiben war. Heute gehen unsere kleinen Buchstaben darauf zurück. Weil sein Reich so groß war, musste Karl viel reisen, aber am besten gefiel es ihm in Aachen. Hier ließ er einen Dom bauen, in dem heute sein Sarg steht.

WER WAR NAPOLEON?

Ein französischer Staatsmann. Während der Französischen Revolution half er dabei, den König abzuschaffen. Er gewann immer mehr Macht und ließ sich schließlich zum Kaiser krönen. Er führte viele siegreiche Kriege, ehe er in Waterloo bei Brüssel besiegt und auf eine Insel verbannt wurde, wo er verstarb.

WER ERFAND DIE BLINDENSCHRIFT?

Der Franzose Louis Braille. Er war selbst blind und entwickelte eine Schrift, die es ermöglicht, durch Ertasten zu lesen. Sie wird auch „Brailleschrift" genannt.

WAS WAR DER SEZESSIONSKRIEG?

Ein amerikanischer Bürgerkrieg. Er begann 1861 und dauerte vier Jahre. „Sezession" bedeutet Abspaltung. Die südlichen Staaten der USA wollten sich von den nördlichen trennen, da es bei ihnen Sklaven gab, was den Menschen im Norden nicht gefiel. Der Norden gewann und die Sklaverei wurde abgeschafft. Der Krieg tötete 600.000 Menschen und kostete viel Geld.

WAS IST DER SUEZKANAL?

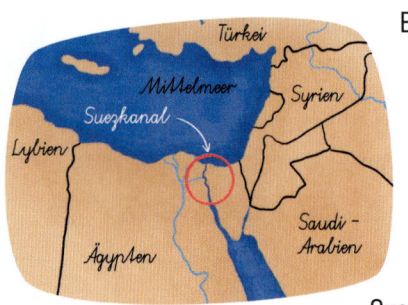

Eine wichtige Wasserstraße in Ägypten. Sie wurde vor 150 Jahren gebaut, um vom Mittelmeer zum Roten Meer im Indischen Ozean zu gelangen. Schiffe aus Europa können so schnell nach Asien fahren.

WER WAR MARY READ?

Mary Read lebte im 18. Jahrhundert. Damals hatten Frauen viel weniger Möglichkeiten als Männer. Um auf einem Kriegsschiff mitfahren zu können, verkleidete sich Mary als Mann. Nachdem das Schiff von Piraten überfallen wurde, wurde Mary Teil ihrer Mannschaft. Später schloss sie sich der Piratin Anne Bonny an und legte ihre Verkleidung ab. Irgendwann wurden die Piraten geschnappt und erhängt. Mary und Anne verschonte man, weil sie schwanger waren. Ein Jahr später wurde Mary krank und starb.

WER WAR DER SONNENKÖNIG?

Der französische König Ludwig der Vierzehnte lebte im 17. Jahrhundert. Er sorgte dafür, dass er allein die Macht hatte und sich alles um ihn drehte – so wie sich die Planeten um die Sonne drehen. Er gab gerne mit seinem Reichtum an und ließ zum Beispiel das berühmte Schloss Versailles bauen.

WAS IST DIE ALHAMBRA?

Eine Stadtburg in der Stadt Granada in Spanien. Sie wurde im Jahr 900 von den Mauren erbaut, einem Volk aus Nordafrika. In der Mitte steht ein Palast, drumherum lebten Soldaten, Beamte, Händler und Handwerker. Alles wird von einer Mauer beschützt. Die Gebäude sind reich mit bunten Fliesen und Mustern verziert. Die Alhambra steht auf einer Liste mit besonderen Kultur- und Naturdenkmälern, dem UNESCO-Weltkulturerbe.

WO STEHT DER EIFFELTURM?

In der Stadt Paris in Frankreich. Er ist 300 Meter hoch, hat eine 30 Meter lange Antenne und besteht aus Eisen. Gebaut wurde er für die Weltausstellung 1889 und sollte eigentlich wieder abgebaut werden, aber weil viele Leute ihn mochten, blieb er stehen. Er ist das bekannteste Gebäude in Paris und wurde sogar in anderen Ländern nachgebaut.

WAS IST DIE HOFBURG?

In der Hofburg in der Stadt Wien wohnten früher die österreichischen Kaiser. Heute ist in einem Teil das Büro des österreichischen Bundespräsidenten, in einem anderen befindet sich die Nationalbibliothek. Außerdem ist hier die Spanische Hofreitschule, die berühmteste und älteste Reitschule der Welt.

WELCHES IST DIE GRÖSSTE KIRCHE DEUTSCHLANDS?

Der Kölner Dom. Sein Bau begann im Mittelalter, wurde jedoch aus Geldnot erst 1880 beendet. Heute befinden sich im Dom Knochen, die angeblich den drei Weisen aus der Bibel gehören. Der Dom gehört zum UNESCO-Weltkulturerbe.

WELCHES IST DAS ÄLTESTE SCHLOSS DER WELT?

Windsor Castle in England wurde im 11. Jahrhundert gebaut. Es ist eines der größten bewohnten Schlösser der Welt und gehört der englischen Königsfamilie.

WIE HIESS DER KÖNIG IN RUSSLAND?

Zar. Auch in Serbien und Bulgarien nannte man den König so. Das Wort kommt vom lateinischen „Cäsar".

WAS WAR DIE TITANIC?

Ein Schiff. Bei ihrem Bau war sie eines der größten Schiffe der Welt. Ihre erste Fahrt führte von Großbritannien nach Amerika. Leider stieß sie unterwegs gegen einen Eisberg und versank. 1.500 Menschen starben. Nur bei wenigen Schiffsunglücken gab es mehr Tote.

WER FLOG ALS ERSTES MIT EINEM FLUGZEUG ÜBER DEN ATLANTIK?

John Alcock und Arthur Witten Brown flogen 1919 als Erste ohne Pause von Amerika nach Europa. Charles Lindbergh flog die Strecke 1927 als Erster allein. Amelia Earhart schaffte sie 1932 als erste Frau.

WARUM TRAGEN SOLDATEN EINE HUNDEMARKE?

Soldaten tragen eine Kette mit einer Marke um den Hals. Sie wird auch als „Hundemarke" bezeichnet und dient dazu, die Soldaten zu kennzeichnen. Bereits römische Legionäre trugen eine Marke in einem Lederbeutel um den Hals. Seit den 1920er Jahren haben die Marken einen Schlitz, an dem sie entzwei gebrochen werden können. Alle Länder haben eigene Marken, aber meistens stehen darauf die Erkennungsnummer, die Blutgruppe und das Land.

WAS WAR DIE SCHLIMMSTE PANDEMIE DER GESCHICHTE?

Eine Pandemie ist eine Krankheit, die sich auf der ganzen Welt ausbreitet. Eine der schlimmsten war die Spanische Grippe, die 1918 auftauchte und bis 1920 etwa 20 bis 50 Millionen Menschen tötete. Genau weiß man es nicht, denn die Fälle wurden nicht überall ordentlich aufgeschrieben. Woher die Grippe kam, ist unklar, aber wohl nicht aus Spanien. Hier wurde nur als Erstes über sie berichtet.

WER WAR ANNE FRANK?

Ein jüdisches Mädchen, das mit ihrer Familie in Deutschland lebte, bis die Nationalsozialisten an die Macht kamen und jüdische Menschen verfolgten. Die Franks versteckten sich in den Niederlanden, wurden jedoch verraten und kamen in ein Konzentrationslager, wo sie und viele andere misshandelt und getötet wurden. Anne wurde nur 15 Jahre alt. Ihr Vater veröffentlichte später ihr Tagebuch.

WANN WURDE DIE ERSTE ATOMBOMBE ABGEWORFEN?

Am 26. August 1945, zum Ende des Zweiten Weltkriegs, warfen die USA eine Atombombe auf die Stadt Hiroshima in Japan. Eine Atombombe ist besonders schlimm, denn sie zerstört mit einem Mal eine große Fläche und tötet sehr viele Menschen. Außerdem gelangen durch sie Teilchen in die Luft, die auch später schwer krank machen können. Drei Tage später warfen die USA eine Atombombe auf die japanische Stadt Nagasaki. Hoffentlich wird keine weitere mehr folgen!

WANN ENDETE DER ZWEITE WELTKRIEG?

Der Zweite Weltkrieg war der schlimmste Krieg der Geschichte mit 60 Millionen Toten, die meisten davon normale Einwohner. Unter ihnen sind sechs Millionen jüdische Menschen, die gezielt von den Nationalsozialisten getötet wurden. Die Nationalsozialisten regierten damals in Deutschland. Sie wollten mehr Macht und griffen deshalb andere Länder an. Als sie 1939 Polen überfielen, begann der Krieg. Er endete am 8. Mai 1945 mit dem Sieg über Deutschland.

WARUM STAND IN BERLIN EINE MAUER?

Nach dem Sieg über die Nationalsozialisten teilten die Sieger Deutschland untereinander auf. Die USA, Frankreich und Großbritannien bekamen den Westen, die Sowjetunion den Osten. Berlin wurde noch einmal extra in West und Ost geteilt. Als der Kalte Krieg begann, zog die Sowjetunion eine Mauer durch Berlin, damit die Menschen im Westen und Osten einander nicht treffen konnten. 1989 fiel die Mauer, bald darauf endete der Kalte Krieg.

WER WAR GANDHI?

Mahatma Gandhi kämpfte dafür, sein Heimatland Indien von der Herrschaft Großbritanniens zu befreien, denn die indischen Menschen hatten viel weniger Rechte als die Briten. Er tat dies ohne Waffen und Gewalt, wofür er bis heute sehr bewundert wird. 1947 zogen die Briten endlich ab. Aber nicht alle Menschen in Indien teilten Gandhis Zukunftspläne, weshalb er 1948 ermordet wurde.

SEIT WANN GIBT ES DIE „ALLGEMEINE ERKLÄRUNG DER MENSCHENRECHTE"?

Seit 1948. Sie wurde von der UNO verfasst und besagt, dass Menschen bestimmte Rechte haben, etwa auf das eigene Leben, auf eine eigene Meinung, oder zu entscheiden, an welche Religion sie glauben. Die UNO ist eine Organisation, der fast alle Staaten der Welt angehören, um Frieden zu sichern. Doch nicht alle halten sich an die Menschenrechte und sie werden immer wieder missachtet.

WAS BEDEUTET „KAMIKAZE"?

Kamikaze oder Kamikazeflieger waren japanische Kampfpiloten. Sie tauchten das erste Mal im Zweiten Japanisch-Chinesischen Krieg auf. Dieser begann 1937 und ging in den Zweiten Weltkrieg über. Kamikaze flogen mit ihren Flugzeugen in feindliche Schiffe, um diese zu zerstören. Sie wussten, dass sie dabei sterben würden. In Japan hießen sie „Shimpū Tokkōtai", „Kamikaze" ist eine falsche Übersetzung.

WAR DER EISERNE VORHANG WIRKLICH AUS EISEN?

Im Zweiten Weltkrieg kämpften die USA und die Sowjetunion (ein ehemaliger Staat in Osteuropa und Asien) zusammen. Doch nach ihrem Sieg bekamen sie Streit, da sie unterschiedliche Ideen davon hatten, was die beste Regierungsart sei. Es begann ein „Kalter Krieg", das heißt, es gab keine Kämpfe, aber beide Seiten bedrohten einander und die Menschen im Osten und Westen durften keinen Kontakt haben. Diese Trennung nennt man „Eisernen Vorhang".

WER IST VALENTINA TERESCHKOWA?

Die Russin Valentina Tereschkowa (manchmal
auch Walentina) ist eine ehemalige Kosmonautin,
so nennt man in Russland Astronautinnen.
Sie war 1963 die erste Frau im Weltall und ist bisher
die einzige, die allein unterwegs war.

WER WAR DAS ERSTE LEBEWESEN IM WELTALL?

Die Hündin Laika flog 1957 als erstes Lebewesen
von der Erde aus ins Weltall. Sie wurde auf der Straße
gefunden und lange für den Flug trainiert. Sie überlebte die Reise nicht, sondern starb unterwegs,
wahrscheinlich an Überhitzung und vor Angst.

WER WAR ALS ERSTER MENSCH AUF DEM MARS?

Niemand. Der Mars ist unglaublich weit weg von
der Erde und noch war kein Mensch dort. Dafür aber
kleine ferngesteuerte Fahrzeuge namens „Rover".
Der erste flog 1965 daran vorbei und 1996 folgte
die erste Landung.

WELCHER ROVER WAR ZULETZT AUF DEM MARS?

„Perseverance". Das ist Englisch und bedeutet
„Ausdauer". Er wurde im Februar 2021 losgeschickt.
Auf dem Mars sammelt er zum Beispiel Bodenstücke,
untersucht sie und schickt die Ergebnisse zur Erde.

Neil
Armstrong

Laika

NASA

ARMSTRONG

WAS MACHTE ROSA PARKS?

Rosa Parks war eine Schwarze Frau aus den USA, die sich 1955 weigerte, im Bus für einen Weißen aufzustehen. Damals herrschte in den USA die sogenannte „Rassentrennung". Menschen mit dunkler Hautfarbe hatten nicht die gleichen Rechte wie solche mit heller und mussten etwa im Bus aufstehen, wenn Weiße sich setzen wollten. Weil Parks sitzen blieb, kam sie ins Gefängnis. Freunde befreiten sie. Rosa Parks gab vielen Menschen den Mut, sich gegen die Ungerechtigkeit zu wehren.

WER WAR DER ERSTE MENSCH AUF DEM MOUNT EVEREST?

1953 erreichten Edmund Hillary aus Neuseeland und Tenzing Norgay aus Tibet als erste Menschen gemeinsam den Gipfel des Mount Everest und kamen sicher wieder herunter. Der Mount Everest ist der höchste Berg der Erde. Auch vorher hatten Menschen versucht, ihn zu besteigen, allerdings erfolglos.

WAS GESCHAH AM 11. SEPTEMBER 2001?

Am 11. September 2001 gab es in den USA mehrere Terroranschläge, bei denen sehr viele Menschen starben. „Terror" ist Latein und bedeutet „Schrecken". Mit einem Terroranschlag sollen Menschen eingeschüchtert und Regierungen bestraft werden. Die Täter entführten vier Flugzeuge. Zwei flogen in die beiden Hochhäuser des World Trade Center in der Stadt New York, zwei der bekanntesten Gebäude der Stadt.

WAS HAT BARACK OBAMA ERREICHT?

Barack Obama war der erste Schwarze und der bisher jüngste Präsident der USA und damit einer der mächtigsten Menschen der Welt. Er setzte sich besonders für Bildung und Gerechtigkeit für alle Menschen sowie die Umwelt ein.

WAS IST DER BREXIT?

Das Wort „Brexit" besteht aus den englischen Wörtern „Britain" für „Großbritannien" und „Exit" für „Ausgang". Es bezeichnet den Ausstieg Großbritanniens aus der Europäischen Union 2020. Die Europäische Union ist eine Gruppe von Ländern in Europa, die gemeinsam für Frieden sorgen und einander helfen möchten. Großbritannien wollte sich nicht mehr an manche der gemeinsamen Regeln halten.

WAS BEKÄMPFTE NELSON MANDELA SEIN LEBEN LANG?

Nelson Mandela war ein Politiker aus Südafrika. Dort herrschte von 1900 bis 1994 Apartheid. Menschen mit dunkler Haut hatten viel weniger Rechte und Möglichkeiten als solche mit heller. Mandela setzte sich dafür ein, dass alle gleichbehandelt werden, egal wie sie aussehen. Er wandte keine Gewalt an, aber weil er die mächtigen Weißen störte, kam er lange ins Gefängnis. 1994 wurde er für fünf Jahre Präsident von Südafrika.

SEIT WANN GIBT ES DEN EURO?

Seit 2002. Heute wird er in 20 Ländern der Europäischen Union verwendet. Sie bilden den Euroraum.

KUNST

WAS IST ABU SIMBEL?

Abu Simbel ist der Name für zwei Tempel aus Ägypten. Ein Tempel ist ein sehr wichtiges Haus einer Religion, in dem ein Gott oder Götter verehrt werden. Die Tempel Abu Simbel wurden an ihrem ersten Standort ab- und woanders wiederaufgebaut, um sie vor einem Stausee zu schützen. Ein Stausee entsteht, wenn Menschen einen Staudamm, also eine Mauer, in einem Fluss bauen, um ihn zu unterbrechen. Dabei steigt das Wasser hoch an und bedeckt das Land unter sich.

WELCHE BERÜHMTE STATUE HAT KEINEN KOPF?

Nike von Samothrake ist der Name einer berühmten Statue aus Griechenland. Sie Statue zeigt die Siegesgöttin Nike und steht in dem Museum Louvre in der französischen Stadt Paris – allerdings ohne Kopf und Arme. Die sind wahrscheinlich abgebrochen.

WAS SIND DIE SIEBEN FREIEN KÜNSTE?

Architektur, Bildhauerei, Malerei, Musik, Dichtkunst, Tanz und Schauspielkunst. Bei den Römern durften diese Tätigkeiten nur freie Menschen ausüben. Sie wurden als höherwertig als die Aufgaben von unfreien Menschen wie Sklaven angesehen. Im Mittelalter wurden die sieben freien Künste von als einfacher bezeichneten Handwerken wie etwa Backen oder Schneidern getrennt. Heute können alle Menschen diese Künste lernen.

WAS WAR DER VERHÜLLTE REICHSTAG?

Vom 24. Juni bis 7. Juli 1995 wickelte das Ehepaar Christo und Jeanne-Claude für ein Kunstprojekt den deutschen Reichstag komplett in weiße Stoffbahnen ein. Der Reichstag ist das Gebäude in Berlin, in dem das Parlament, die Vertretung des Volkes, über Gesetze entscheidet. Die Verhüllung sollte den Neuanfang der Stadt Berlin nach dem Mauerfall zeigen. Es ist eine der bekanntesten Kunstaktionen an öffentlichen Orten.

WAS HABEN DIE TALIBAN 2001 IN AFGHANISTAN ZERSTÖRT?

Die Taliban sind eine Gruppe von Menschen, die an eine besondere und sehr strenge Art des Islam glauben und meinen, dass dies die einzig richtige Art zu leben ist. Andere Denkweisen bekämpfen sie mit schlimmer Gewalt. Sie herrschen in dem Land Afghanistan. Weil sie alles, was aus der Zeit vor dem Islam stammt, als schlecht betrachten, zerstörten sie bereits einige sehr alte Bauwerke. Dazu gehörten 2001 die beiden Buddha-Statuen von Bamiyan, die größten Buddha-Figuren der Welt.

WAS ZEIGT DER MOUNT RUSHMORE IN DEN USA?

Der Mount Rushmore ist ein Berg in den USA. In den Berg wurden von 1927 bis 1941 die gigantischen Köpfe der damals vier wichtigsten amerikanischen Präsidenten gehauen, für die Körper fehlte das Geld. Das indigene Volk der Lakota ist darüber sehr verärgert, denn der Berg ist für sie ein heiliger Ort, der durch die Statuen beschädigt wurde. Zudem zeigt einer der Köpfe Abraham Lincoln, der unter anderem bei einer Massenhinrichtung zahlreiche Lakota töten ließ.

WARUM VERKLEIDETEN SICH IN DER ANTIKE MÄNNER ALS FRAUEN?

Im Altertum, auch Antike genannt, hatten Frauen weniger Rechte als Männer. Sie mussten etwa zu Hause bleiben und durften nicht arbeiten. Bei Theaterstücken spielten darum nur Männer mit. Für die weiblichen Rollen verkleideten sie sich als Frauen.

WER SIND DIE DREI MUSKETIERE?

Die drei Musketiere sind die Hauptfiguren aus dem Roman *Die drei Musketiere* des Franzosen Alexandre Dumas. Sie heißen Athos, Porthos und Aramis, später kommt noch D'Artagnan dazu. Manche Figuren in dem Roman gab es wirklich, aber das meiste hat Dumas sich ausgedacht.

WOHER KOMMT DER SPRUCH „SEIN ODER NICHTSEIN, DAS IST HIER DIE FRAGE"?

Der Satz stammt aus dem Theaterstück „Hamlet". Es wurde von dem englischen Dichter William Shakespeare geschrieben.

WIE HEISST DAS BEKANNTESTE THEATER IN RUSSLAND?

Bolschoi-Theater. Es steht in der russischen Hauptstadt Moskau. Darin werden Opern und Ballettstücke gezeigt.

WER SCHRIEB DAS KINDERBUCH *HEIDI*?

Die Schweizer Autorin Johanna Spyri. Ihre beiden Bücher *Heidis Lehr- und Wanderjahre* und *Heidi kann brauchen, was es gelernt hat* über das kleine Mädchen Heidi, das zu ihrem Großvater in die Berge zieht und dort allerhand Dinge erlebt, gehören zu den bekanntesten Kindergeschichten der Welt. Sie wurden mehrmals verfilmt.

WAS BEDEUTET „GOTIK"?

Die Gotik war eine Zeit im Mittelalter, in der die Menschen Kunstwerke auf eine bestimmte Art aussehen ließen. Sie war in Deutschland sehr beliebt. Bekannt sind vor allem gotische Kirchen. Sie haben gewölbte Decken und spitze Fenster, auf deren Scheiben bunte Bilder zu sehen sind. Das Wort „Gotik" leitet sich von dem italienischen Wort „gotico" für „fremdartig" ab. Es gab auch ein Volk namens Goten, doch das hat mit der Gotik nichts zu tun.

WER HAT DAS MÄRCHEN *SCHNEEWITTCHEN UND DIE SIEBEN ZWERGE* GESCHRIEBEN?

Das Märchen *Schneewittchen und die sieben Zwerge* steht in der Märchensammlung *Kinder- und Hausmärchen*. Dieses Buch wurde von den Brüdern Jacob und Wilhelm Grimm geschrieben. Die beiden haben sich die Märchen jedoch nicht ausgedacht. Diese wurden schon lange zuvor mündlich weitererzählt und die Brüder schrieben sie als Erste auf.

IN WIE VIELE SPRACHEN WURDEN DIE ASTERIX UND OBELIX-COMICS ÜBERSETZT?

111!

VON WEM STAMMT DER SATZ: „BITTE ... ZEICHNE MIR EIN SCHAF"?

Von dem französischen Autor Antoine de Saint-Exupéry. Er steht in seinem berühmten Buch *Der kleine Prinz*. Dies wurde sehr oft übersetzt und ist eines der erfolgreichsten Bücher der Welt.

WER WAR MOLIÈRE?

Molière hieß eigentlich Jean-Baptiste Poquelin. Er war ein französischer Schauspieler, Dichter und Theaterdirektor und lebte im 17. Jahrhundert.

WER IST SHERLOCK HOLMES?

Sherlock Holmes ist eine Buchfigur. Ausgedacht hat ihn sich der schottische Autor Arthur Conan Doyle. Holmes ist ein sehr schlauer Detektiv, der sehr knifflige Fälle löst. Oft raucht er Pfeife und trägt einen karierten Mantel. Neben den Büchern gibt es zahlreiche Filme über ihn.

WER ERFAND DIE COMICREIHE TIM UND STRUPPI?

Der Belgier Hergé. Sein echter Name war Georges Prosper Remi. Wenn man die Anfangsbuchstaben seines Namens G und R umdreht, also R und G, und diese französisch ausspricht, ergibt das „Hergé"

WER IST JOANNE K. ROWLING?

Eine britische Autorin. Sie schrieb die weltberühmte Buchreihe *Harry Potter* über die Abenteuer eines jungen Zauberers und wurde damit sehr reich.

WIE GROSS IST DIE *MONA LISA*?

Das Gemälde *Mona Lisa* des italienischen Malers Leonardo da Vinci, zeigt eine lächelnde Frau und misst 77 mal 53 Zentimeter.

WIE LANGE HAT LEONARDO DA VINCI GEBRAUCHT, UM DIE *MONA LISA* ZU MALEN?

Vier Jahre. Es ist das meistbesuchte Bild der Welt und hängt hinter einer besonders dicken Glasscheibe.

WO HÄNGT DIE *MONA LISA*?

In dem Museum Louvre in der Stadt Paris in Frankreich. 1911 wurde sie einmal gestohlen. Auf der Suche stellte die Polizei fast die ganze Welt auf den Kopf.

WIE HEISST DAS BILD *MONA LISA* AUF ITALIENISCH?

„La Gioconda", das bedeutet „die Heitere". Ob die Frau auf dem Bild Lisa hieß, weiß man nicht. Mona ist aber wohl ein Schreibfehler. Richtig wäre „Monna", das ist eine Kurzform von „Madonna" und war im 16. Jahrhundert in Italien eine Anrede für Frauen.

WAS IST DIE MEDUSA AUF DEM GEMÄLDE „DAS FLOSS DER MEDUSA"?

Ein Schiff namens *Méduse*. Es erlitt im Jahr 1816 Schiffbruch. Weil es nicht genug Rettungsboote gab, bauten die Seeleute zusätzlich aus den Resten ein riesiges Floß. Eigentlich sollten die Boote das Floß ziehen, doch sie fuhren einfach weg. Nur zehn der fast 50 Menschen auf dem Floß überlebten.

WAS IST DAS TEUERSTE BILD DER WELT?

Salvator mundi von dem italienischen Maler Leonardo da Vinci. Es zeigt Jesus Christus und wurde 2017 für 450,3 Millionen Dollar verkauft. Das sind etwa 417.847.500 Euro – ein ganz schöner Haufen Geld!

WIE HEISST REMBRANDT MIT VORNAMEN?

Rembrandt! Seinen Nachnamen, van Rijn, kennt kaum jemand. Er war ein Maler aus den Niederlanden.

WER MALTE DIE ZERFLIESSENDEN UHREN?

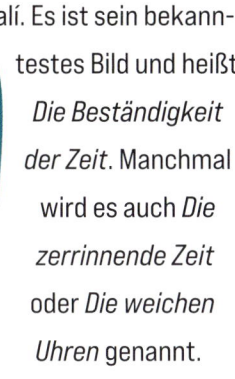

Der spanische Maler Salvador Dalí. Es ist sein bekanntestes Bild und heißt *Die Beständigkeit der Zeit*. Manchmal wird es auch *Die zerrinnende Zeit* oder *Die weichen Uhren* genannt.

WAS IST DAS BESONDERE AN DEN BILDERN VON GIUSEPPE ARCIMBOLDO?

Der italienische Maler Guiseppe Arcimboldo malte die Porträts von Menschen so, als würden sie aus Obst oder Büchern bestehen. Porträts sind Bilder oder Fotos von Menschen. Meistens zeigen sie nur den Kopf und einen Teil der Brust.

SIND ROT, GRÜN UND GELB GRUNDFARBEN?

Nein. Rot, Blau und Gelb sind in der Malerei die drei Grundfarben. Alle anderen Farben entstehen, wenn man diese drei mischt. Grün ist keine Grundfarbe, sondern eine Mischung aus Gelb und Blau.

WAS IST POINTILLISMUS?

Der Pointillismus ist eine bestimmte Art zu malen. Dabei werden Bilder aus vielen Tausend kleinen farbigen Punkten zusammengesetzt. Diese Technik war besonders im 19. Jahrhundert beliebt.

WER SIND DIE HELDEN IN DEM DOKUMENTARFILM *DIE REISE DER PINGUINE*?

Kaiserpinguine. Der Film zeigt das Leben
der Tiere in der Antarktis. Sie erhielten allerdings
menschliche Stimmen und unterhalten sich
über Gefühle wie Liebe, Mut oder
ihren Willen zu überleben.

WIE HEISST DER TEUERSTE FILM ALLER ZEITEN?

Avatar: The Way of Water (deutsch:
„Avatar: Der Weg des Wassers") aus dem Jahr 2022.
Er kostete 460 Millionen Dollar, also ungefähr
426.742.000 Euro. Gedreht wurde er von
dem Regisseur James Cameron.

WIE LANG IST DER LÄNGSTE FILM ALLER ZEITEN?

Der wohl längste Film aller Zeiten ist ein
schwedischer Experimentalfilm aus dem Jahr 2012
mit dem Titel *Logistics* (übersetzt: *Logistiken*).
Er dauert ganze 857 Stunden, das sind
35 Tage und 17 Stunden! In Echtzeit wird
die Herstellung eines Schrittzählers gezeigt –
aber in umgekehrter Reihenfolge. Start ist
also der Verkaufsort in Schweden und Ende
die Produktionsfabrik in China. Der längste
Spielfilm ist wahrscheinlich *La Flor* (deutsch:
Die Blume) aus Argentinien mit einer Länge
von 14 Stunden. Da braucht man viel Popcorn!
Grund dafür ist die aufwendige Technik, mit der
der Film erstellt wurde. Der Film hält außerdem
den Rekord als dritterfolgreichster Film aller Zeiten.
Den Rekord für das längste YouTube-Video hält
der Nutzer MoldytoasterMedia mit 571 Minuten
oder 23 Tagen.

WIE HEISST DER ERSTE 3-D-FILM?

Der erste 3-D-Film hieß *The Power of Love* und
erschien 1922. Der erste und bislang einzige Film,
der mit einer speziellen 3D-Kamera gefilmt wurde,
ist *Avatar – Aufbruch nach Pandora*
aus dem Jahr 2009.

WANN WURDE DER ERSTE FILM GEDREHT?

1895 in Frankreich. Er dauert etwas weniger
als eine Minute und zeigt einen Zug, der in
einem Bahnhof ankommt und wieder abfährt.

WAS IST DER OSCAR?

Der bekannteste amerikanische Filmpreis. Sein
eigentlicher Name lautet „Academy Award for Merit"
(deutsch: „Verdienstpreis der Akademie"). Er wird
jedes Jahr vergeben. Wo der Spitzname „Oscar"
herkommt, ist nicht ganz klar.

GIBT ES AUCH EINEN FILMPREIS FÜR TIERE?

Ja! Jedes Jahr wird der Palm Dog Award vergeben. Das ist eine Auszeichnung für Hunde, die in Filmen mitspielen, egal ob echt oder animiert.

WAS MACHTE CHARLIE CHAPLIN?

Charlie Chaplin kam aus Großbritannien und wird als der erste Weltstar des Kinos bezeichnet. Die meisten seiner Filme waren lustige Stummfilme, das heißt, dass darin nicht gesprochen wurde. Auf vielen Bildern von ihm hat er einen kleinen schwarzen Schnurrbart, eine Melone – das ist ein besonderer Hut – auf dem Kopf und einen Spazierstock in der Hand. Das war die Verkleidung für seine bekannteste Filmfigur, einen Mann namens Tramp in dem Film *Der Tramp*.

WOFÜR STEHT DIE „007" BEI JAMES BOND?

James Bond ist ein britischer Geheimagent mit der Nummer 007. Die beiden Nullen bedeuten, dass er eine Lizenz, also eine Erlaubnis, zum Töten besitzt und diese auch schon benutzt hat. Und die Sieben bedeutet, dass Bond der siebte Geheimagent des britischen Geheimdienstes MI5 ist, der diese Lizenz besitzt.

WAS BEDEUTET „SYNCHRONISATION" IM FILM?

Bei der Synchronisation werden die Stimmen in einem Film durch Stimmen in einer anderen Sprache ersetzt. So können Menschen Filme sehen, ohne die Originalsprache zu verstehen. Das Wort „Synchronisation" kommt von dem Altgriechischen „sýnchronos", was auf Deutsch „gleichzeitig" bedeutet.

WER IST SPIDER-MAN?

Spider-Man ist die Hauptfigur einer weltweit erfolgreichen Comicbuchreihe. Erfunden haben ihn die Amerikaner Stan Lee und Steve Ditko. In der Geschichte heißt Spider-Man eigentlich Peter Parker und ist ein ganz gewöhnlicher Schüler. Doch eines Tages wird er von einer besonderen Spinne gebissen und hat auf einmal Superkräfte! Die Geschichte wurde mehrmals verfilmt. Sie ist sehr beliebt, weil Spider-Man auf der einen Seite ein Superheld ist und sich auf der anderen mit dem ganz normalen Alltag beschäftigen muss.

WAS IST EINE STRADIVARI?

Eine von Antonio Stradivari im 17. Jahrhundert gebaute Geige. Diese Geigen haben einen besonderen Klang. Heute gibt es nur noch wenige, darum sind sie sehr wertvoll.

WIE VIELE TASTEN HAT EIN KLAVIER?

88. Davon sind 52 weiß und 36 schwarz.

WAS IST EIN SINFONIEORCHESTER?

Ein großes Orchester mit verschiedenen Instrumenten, das klassische Musik spielt. Ein anderer Name ist Philharmonie-Orchester.

WARUM SIND QUERFLÖTEN HOLZBLASINSTRUMENTE, WENN SIE GAR NICHT AUS HOLZ SIND?

Querflöten bestehen meist aus Metall, dennoch sind sie Holzblasinstrumente. Das liegt daran, dass bei Blechblasinstrumenten die Luft vom Mundstück zum Ende gelangt und so Töne erzeugt. Eine Querflöte hat aber verschiedene Löcher, aus denen die Luft entweichen und einen Klang erschaffen kann, genau wie Holzblasinstrumente.

WARUM HAT EIN ORCHESTERDIRIGENT EINEN STOCK?

Mit dem Taktstock oder Dirigentenstab gibt der Dirigent das Tempo vor und zeigt, wann welches Instrument wie laut oder leise spielen soll.

WORAN LITT LUDWIG VAN BEETHOVEN?

Als junger Mann bekam Ludwig van Beethoven starke Hörprobleme und irgendwann wurde er vollkommen taub. Der Grund ist nicht ganz klar, wahrscheinlich war er krank. Trotzdem komponierte er viele weltberühmte Musikstücke.

WAS IST DAS BESONDERE AM MUSIKSTÜCK *4'33*?

Das Musikstück dauert insgesamt vier Minuten und dreiunddreißig Sekunden – und die ganze Zeit erklingt keine einzige Musiknote! Das Publikum hört nur die Geräusche um sich herum. Dies sorgt dafür, dass es darüber nachdenkt, was Musik und Stille eigentlich bedeuten. Ausgedacht hat sich das Ganze der Künstler John Cage.

WIE VIELE FINGER HATTE DER GITARRIST DJANGO REINHARDT?

Acht. Er verlor zwei Finger bei einem Brand.

MIT WIE VIEL JAHREN BEGANN MOZART, EIN INSTRUMENT ZU SPIELEN?

Der österreichische Musiker und Komponist Wolfgang Amadeus Mozart wird als „Wunderkind" bezeichnet. Schon mit vier Jahren fing er an, Klavier zu spielen.

WER WAR JOSÉPHINE BAKER?

Joséphine Baker ist die erste Schwarze Frau, die im Pariser Panthéon begraben wurde. Das Panthéon ist eine Ruhmeshalle, in der Menschen beerdigt werden, die in Frankreich als besonders wichtig für Kultur, Politik oder Wissenschaft gelten. 80 Menschen liegen hier, darunter sechs Frauen und drei Menschen mit dunkler Hautfarbe. Joséphine Baker war eine Künstlerin und kämpfte dafür, dass alle Menschen die gleichen Rechte haben.

WAS BEDEUTET DAS #-ZEICHEN AUF MUSIKBLÄTTERN?

Das #-Zeichen heißt meistens „Raute" oder „Rauten-zeichen". In der Musik nennt man es dagegen Kreuz. Es zeigt an, dass ein Ton um einen halben Schritt erhöht wird. Aus einem F wird dann etwa ein Fis.

WIE VIELE WÖRTER SCHAFFT DER SCHNELLSTE RAPPER DER WELT IN EINER SEKUNDE?

Laut dem Guinness-Buch der Weltrekorde schafft der amerikanische Rapper Eminem 7,5 Wörter pro Sekunde und ist damit aktuell der schnellste Rapper der Welt.

WISSENSCHAFT UND FORSCHUNG

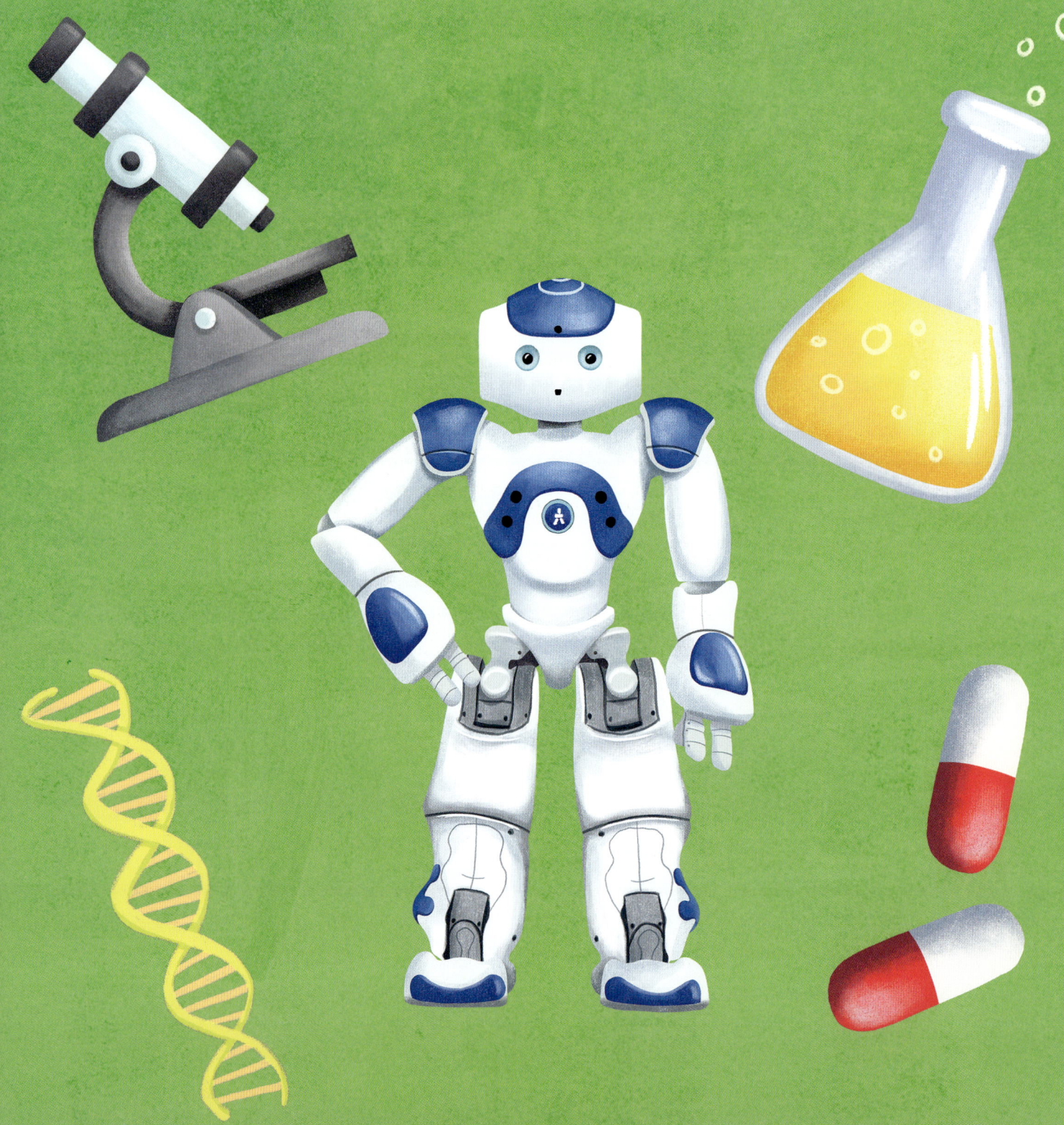

WAS IST EIN „HEUREKA-MOMENT"?

„Heureka" ist Altgriechisch und bedeutet „Ich habe (es) gefunden". Angeblich soll der griechische Mathematiker Archimedes von Syrakus beim Einstieg in einer Badewanne gesehen haben, dass desto mehr Wasser über den Rand schwappte, je tiefer sein Körper in die Wanne sank. Dadurch erkannte er das Prinzip des Auftriebs. Wenn jemand plötzlich etwas Geniales entdeckt, spricht man deshalb von einem „Heureka-Moment".

HAT ALBERT EINSTEIN DIE ATOMBOMBE ERFUNDEN?

Nein. Albert Einstein hat die Atombombe nicht erfunden. Er war gegen Krieg und Gewalt und warnte vor dem Bau der Bombe. Er entdeckte jedoch eine mathematische Formel, die bei der Erfindung der Atombombe eine wichtige Rolle spielte.

WAS HAT KOPERNIKUS ENTDECKT?

Der Astronom Nikolaus Kopernikus lebte im 16. Jahrhundert im heutigen Polen. Damals dachte man, die Sonne drehe sich um die Erde. Kopernikus fand heraus, dass das nicht stimmt: Die Erde dreht sich um sich selbst und um die Sonne. Ihm wurde nicht sofort geglaubt. Erst 100 Jahre später gab es genug Beweise für seine Entdeckung.

WER ERFAND DIE BATTERIE?

Der italienische Physiker und Erfinder Alessandro Volta. Die Einheit für die elektrische Spannung ist nach ihm benannt: Volt.

WAS HAT GUTENBERG ERFUNDEN?

Johannes Gutenberg vereinfachte den Buchdruck. Am Ende des Mittelalters wurden Texte in große Holzplatten geschnitzt, mit Farbe beschmiert und auf Papier gepresst. Das dauerte sehr lange, weil jede Seite eine neue Holzplatte brauchte. Gutenberg stellte kleine Bleistücke her, auf denen immer ein Buchstabe war. Diese nennt man Letter. Die Lettern konnte er zu Sätzen und Wörtern zusammenbauen und damit viel schneller drucken. Oft wird gesagt, er habe den Buchdruck an sich erfunden. Das stimmt nicht. Aber seine Technik gilt als eine der wichtigsten der Menschheit.

WER WAR LOUIS PASTEUR?

Ein französischer Chemiker, der im 19. Jahrhundert herausfand, wie genau eine Impfung gegen die Pocken schützen kann. So konnten auch Impfungen gegen andere Krankheiten entwickelt werden. Er bewies zudem, dass Krankheiten durch winzige Keime übertragen werden, wodurch die Menschen mehr auf Sauberkeit zu achten begannen. Und er erkannte, wie durch Erhitzen manche Lebensmittel länger haltbar gemacht werden können. Das nennt man „Pasteurisieren".

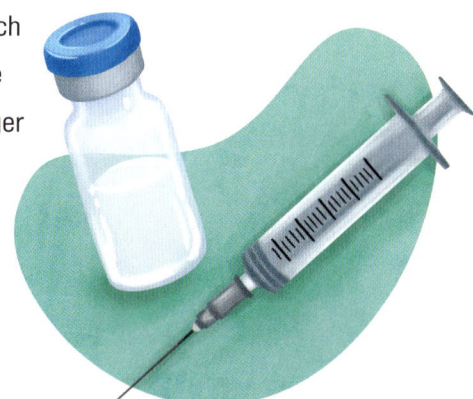

WIE MACHTE MAN FRÜHER LICHT?

Mit Kerzen, Gas und Öllampen. Im frühen 19. Jahrhundert begannen die Menschen den Versuch, mit Elektrizität Licht zu machen. Wer die erste Glühbirne erfand, ist nicht ganz klar. Die ersten Glühbirnen für den Alltag stammen wohl von dem Amerikaner Thomas Alva Edison und dem Briten Joseph Wilson Swan. Edison gelang es, den Strom auf mehrere Birnen zu verteilen.

WER ERFAND DIE MODERNE CHIRURGIE?

Der Franzose Ambroise Paré lebte im 16. Jahrhundert und gilt als Erfinder der modernen Chirurgie. Eigentlich war er ein Bader, also ein Badehausbetreiber und Arzt für ärmere Menschen. Bei seinen Arbeiten als Arzt entwickelte er unter anderem die Wundbehandlung mit kühlen Salben, erfand neue chirurgische Geräte oder erkannte, wie sich fremde Objekte am besten aus dem Körper entfernen lassen und wie die Abnahme eines Arms oder Beins Leben retten kann.

WER ERFAND DIE ERSTE RECHENMASCHINE?

Eine Rechenmaschine ist ein Gerät, mit dem sich Matheaufgaben lösen lassen. 1623 zeichnete der deutsche Erfinder Wilhelm Schickard die erste Rechenmaschine. Der Franzose Blaise Pascal zeigte 1645 seine Rechenmaschine, die „Pascaline". Wer von beiden sein Gerät zuerst baute, weiß man nicht. Für den Alltag war keine der beiden zu gebrauchen.

WIE WURDE DER BLITZABLEITER ERFUNDEN?

Benjamin Franklin war ein amerikanischer Politiker und Wissenschaftler. Er wollte beweisen, dass Blitze sichtbare Elektrizität sind. Darum steckte er ein Stück Metall an die Spitze eines Lenkdrachens und band einen Schlüssel an die Schnur. Als er den Drachen bei einem Gewitter steigen ließ, gab der Blitz Elektrizität an das Metall ab. Sie fuhr durch die nasse Schnur in den Schlüssel und der schlug Funken. Das Experiment war lebensgefährlich! Franklin überlebte und entwickelte ein Gerät, das man auf dem Hausdach anbringt, um damit elektrische Spannung abzulenken: den Blitzableiter.

WER ERFAND DIE MÜLLTRENNUNG?

Eugène Poubelle lebte im 19. Jahrhundert. Damals lag der Müll einfach auf der Straße. Es stank und die Menschen wurden krank. Poubelle erfand Mülleimer, in die der Abfall voneinander getrennt geworfen und dann von einer Müllabfuhr eingesammelt wird. Poubelle ist seitdem das französische Wort für „Mülleimer".

WER FLOG ALS ERSTES IN EINEM HEISSLUFTBALLON?

Eine Ente, ein Schaf und ein Hahn, das war im Jahr 1789. Die Tiere überstanden den Flug problemlos – bis auf den Hahn, dem das Schaf einen Flügel brach. Danach stiegen Marquis d'Arlandes und Pilâtre de Rozier als erste Menschen in die Luft und landeten ebenfalls sicher.

WIE LANGE DAUERTE DER ERSTE FLUG IN EINEM FLUGZEUG?

Zwölf Sekunden. Im Jahr 1903 hoben die Brüder Wright in den USA mit ihrem Doppeldeckerflugzeug ab und flogen 35 Meter weit. 1905 konnten die Brüder eine halbe Stunde lang oben bleiben. Auch zuvor hatten Menschen Geräte gebaut, mit denen sie fliegen konnten. Das klappte manchmal und manchmal nicht. Der Doppeldecker der Wrights gilt als erstes Flugzeug.

WANN WURDE DIE ERSTE ROLLTREPPE GEBAUT?

1893 fuhr die erste Rolltreppe los. Sie war zwei Meter lang und besaß keine Stufen. Erfunden hatte sie der Amerikaner Jesse Reno. Die erste Rolltreppe in Deutschland erschien 1925 in einem großen Kaufhaus in der Stadt Köln.

WIE SCHNELL WAR DER ERSTE ZUG DER WELT?

Die erste Eisenbahn der Welt fuhr im September 1825 von dem englischen Ort Stockton nach Darlington. Sie schaffte etwa 16 bis 17 Kilometer pro Stunde. Der Zug bestand aus einer Lok und 36 Wagen. Zwölf davon transportierten Mehl und Kohle, in den anderen saßen Menschen. In Deutschland fuhr der erste Zug 1835 los, in Österreich 1837 und 1847 in der Schweiz.

WARUM GIBT ES KEINEN NOBELPREIS FÜR MATHEMATIK?

Der Nobelpreis wird seit 1901 jedes Jahr an Menschen verliehen, die etwas Besonderes für die Chemie, die Physik, die Literatur, die Medizin oder den Frieden getan haben. Begründet hat ihn der Schwede Alfred Nobel, der als Erfinder des Sprengstoffes Dynamit bekannt ist. Warum es für Mathematik keinen Preis gibt, ist nicht ganz klar. Lange dachte man, dass Alfred Nobels Frau sich in einen Mathematiker verliebt hatte und Nobel eifersüchtig war. Wahrscheinlicher ist, dass es bei der Erfindung des Nobelpreises schon einen anderen wichtigen Preis für Mathematik in Schweden gab. Außerdem fanden die Menschen die anderen drei Naturwissenschaften damals wichtiger.

WER HAT DAS ANTIBIOTIKUM ENTDECKT?

Ein Antibiotikum ist ein Medikament, das gegen krank machende Bakterien hilft. Der Name besteht aus den griechischen Worten „anti" für „gegen" und „bio" für „Leben", denn Bakterien sind winzige Lebewesen. Der Schotte Alexander Fleming machte das erste Antibiotikum bekannt. Als er Bakterien und Schimmelpilze der Gattung Penicillium notatum auf eine Schale setzte, beobachtete er, dass die Pilze das Wachstum der Bakterien stoppten. Das erste Antibiotikum nannte er darum Penicillin.

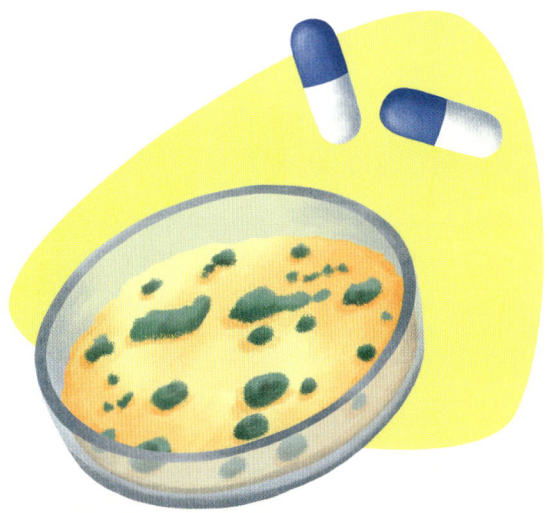

WIE WURDE DIE MIKROWELLE ERFUNDEN?

Der Amerikaner Percy Spencer testete 1947 für seine Arbeit eine Anlage, die mit Mikrowellen arbeitete. Als er einmal einen Schokoriegel in der Tasche dabei hatte, fiel ihm auf, dass dieser schmolz, als die Mikrowellen sendeten. Er verstand als Erster, warum das passiert, und erfand einen Ofen, der mit der gleichen Technik Essen erwärmen kann: den Mikrowellenofen, kurz *Mikrowelle* genannt.

WAS IST DIE RICHTERSKALA?

Die Richterskala zeigt an, wie schwer ein Erdbeben ist. Sie reicht von eins bis zehn. Ab dem Wert fünf wird es richtig gefährlich. Sie wurde 1935 von Charles Richter und Beno Gutenberg entwickelt. Das bisher schwerste Erdbeben wurde 1960 in Chile gemessen. Es hatte einen Wert von 9,5.

WANN WURDE DAS ERSTE COMPUTERSPIEL ENTWICKELT?

1962 entwickelte der Amerikaner Steve Russell das erste Computerspiel, das alle Menschen spielen konnten. Es trug den Namen *Spacewar!* (deutsch: „Weltraumkrieg"). Davor gab es schon 1952 und 1958 die Spiele *OXO* und *Tennis for Two* (deutsch: „Tennis für Zwei"). Aber diese beiden wurden nur aus wissenschaftlichen Gründen gespielt.

WAS IST QUANTENPHYSIK?

Quantenphysik ist ein Bereich der Physik, der sich mit den kleinsten den Menschen bekannten Teilchen beschäftigt, den Quanten.

$E = mc^2$

WAS MACHT DER ROBOTER TEOTRONICO?

Teotronico ist ein Klavier-Roboter. In seiner ersten Version 2007 hatte er 29 Finger; mittlerweile sind es 53.

AUS WAS BESTEHT SEIFE?

Seife besteht aus Fetten und einer wässrigen Chemielösung namens Lauge. Die Fette können pflanzlich (etwa Olivenöl oder Maisöl) oder tierisch (etwa aus Knochen oder Talg) sein. Die Fette und die Lauge werden vermischt, diese chemische Reaktion nennt man „Verseifung". Dazu wird die Mischung entweder sehr schnell sehr heiß (Heißverfahren) oder langsamer bei niedrigerer Temperatur (Kaltverfahren) gekocht.

BEI WELCHER TEMPERATUR SCHMILZT GLAS?

1.400 Grad Celsius.

Zora

WER IST ZORA?

Ein Robotermodell. Es ist 56 Zentimeter groß und sieht ein wenig aus wie ein Mensch. Zoras sind etwa auf Kinderstationen in Krankenhäusern unterwegs. Sie erinnern die Kinder daran, ihre Medikamente zu nehmen, oder bringen sie zum Lachen.

WER HAT DEN ERSTEN ROBOTER GEBAUT?

Wahrscheinlich Leonardo da Vinci, eine Ritterrüstung, die über Seile bewegt wurde. Die Idee, bestimmte Arbeit Maschinen zu übergeben, gab es aber schon im alten Griechenland. Mit heutigen Robotern hatte all dies wenig zu tun. Ein Unterschied ist, dass diese Maschinen nur eine Aufgabe erledigen konnten, Roboter dagegen verschiedene. Den ersten modernen Roboter bauten 1954 Georg Devol und Joseph Engelberger. Der Schwenkarm „Unimate" konnte lackieren, stapeln und schweißen.

WAS IST EIN EXOSKELETT?

Eine äußere Stütze. Das Wort kommt von den griechischen Wörtern „exo" für „außen" und „skelétos" für „ausgetrockneter Körper". In der Tierwelt gibt es natürliche Exoskelette etwa bei Insekten oder Krebsen. Künstliche Exoskelette, auch „Roboteranzüge" genannt, sitzen wie eine Art Roboter am Körper und helfen etwa gelähmten Menschen dabei, sich zu bewegen, oder unterstützen bei anstrengenden Bewegungen.

Exoskelett

WELCHES TIER KENNT SICH MIT COMPUTERN AUS?

Die Computermaus. Erfunden wurde sie von dem Computertechniker Douglas Engelbart. Warum sein Team und er die Erfindung „Maus" nannten, wusste er nicht genau. Damals sah sie dem Nagetier aber noch ähnlicher, denn das Kabel kam hinten dort heraus, wo heute der Handballen liegt.

WIE GROSS WAR DER ALLERERSTE COMPUTER?

Der „ENIAC" aus dem Jahr 1946 ist der erste volltechnische, programmierbare digitale Universalrechner, also das, was einen modernen Computer ausmacht. Er wurde vom amerikanischen Militär eingesetzt und hauptsächlich von Frauen programmiert. ENIAC ist kurz für „Electronic Numerical Integrator and Comupter", was auf Deutsch etwa „Elektronischer numerischer Integrator und Computer" heißt. Er maß zehn mal siebzehn Meter – das ist ein riesiges Zimmer! Die „Zuse Z3" ist die erste Rechenmaschine, die beliebige Algorithmen automatisch ausführen konnte, war aber nicht vollautomatisch.

WANN WURDE DAS ERSTE SMARTPHONE ERFUNDEN?

„Smartphone" werden Mobiltelefone genannt, die einen Touchscreen haben und auf denen leicht viele Apps installiert werden können. Frühe Vorläufer des Smartphones gab es ab den 1990er Jahren, etwa 1994 den „Simon Personal Communicator". Die Wende von den bis dahin üblichen Mobiltelefonen zum Smartphone brachte 2007 das iPhone 1. Es wurde als erstes Mobiltelefon nur über einen Touchscreen bedient.

WER HAT SICH DAS WORT „ROBOTER" AUSGEDACHT?

Der Tscheche Karel Čapek. Er benutzte das Wort erstmals 1920 in einem Theaterstück über künstliche Arbeiter. Das tschechische Wort „robota" bedeutet so viel wie „Arbeit" und stammt von dem altslawischen Wort „rab" für Sklave ab. Čapeks Bruder machte aus dem Wort in seiner englischen Übersetzung „robot". Im Deutschen wurde in der Übersetzung noch ein „er" am Ende ergänzt.

WAS BEDEUTET GPS?

„Global Positioning System". Das ist Englisch und bedeutet „Weltweites Ortungssystem". Satelliten senden immerzu ihre Position und die Uhrzeit als Radiosignale hinab zur Erde. Ein technischer Empfänger berechnet die Entfernung zu allen Satelliten, deren Signale er bekommt. Daraus kann er schließen, wo er sich befindet. Das Ergebnis wird genauer, je mehr Satellitensignale der Empfänger bekommt.

WAS HABEN POMMES FRITES UND AUTOS GEMEINSAM?

In einigen Autos kann Frittieröl das Benzin ersetzen. Allerdings muss es vorher noch etwas bearbeitet werden, daher lieber kein Öl aus dem Supermarkt in den Tank gießen!

WOBEI KANN SCHNECKENSCHLEIM HELFEN?

Schneckenschleim hilft gegen Bakterien und spendet Feuchtigkeit. Er kann etwa dabei helfen, Wunden zu heilen, und ist sogar in einem Hustensaft enthalten.

WER HAT DIE COCA-COLA ERFUNDEN?

Der amerikanische Apotheker John Pemberton. Er rührte verschiedene Zutaten zu einem Sirup zusammen und mischte ihn mit Sodawasser. Das Getränk verkaufte er unter dem Namen „Coca-Cola" in seiner Apotheke. Später verkaufte er das Rezept an einen Unternehmer, der damit die Firma Coca-Cola gründete. Das Rezept heißt mysteriös „Code 7X" und wird streng geheim gehalten. Angeblich liegt es in einem Tresor im Coca-Cola-Museum in Atlanta. Prost!

WOFÜR STEHT DAS KÜRZEL „WWW"?

Für World Wide Web – weltweites Netz. Es ist das bekannteste der Netze, die das Internet bilden, und besteht aus Webseiten, die über einen Webbrowser besucht werden. Manchmal wird es als das Internet selbst bezeichnet, aber es ist nur eines von vielen Netzen. Ein anderes ist das Netz für E-Mails. Das WWW führte zu einer großen und bedeutsamen Veränderung in vielen Lebensbereichen.

WAS WURDE FÜR DIE RAUMFAHRT ERFUNDEN UND WIRD AUF DER ERDE BENUTZT?

Ohne die Raumfahrt würde es so manche Erfindungen nicht geben. Akkugeräte etwa. Bei Einsätzen im All muss viel geschraubt und gebohrt werden, aber mit einem Stromkabel geht das nicht. Darum wurden Maschinen mit Akkus erfunden wie Akkubohrer, die heute auch zum Leben auf der Erde gehören. Ein anderes Beispiel sind Smartphones. Weil bei einer Reise im All wenig Platz ist, wurde daran geforscht, möglichst kleine und leichte Computerchips und Kameras zu bauen – die später dann in mobilen Telefonen landeten.

WER ERFAND DEN KUGELSCHREIBER?

László József Bíró. Er stammte eigentlich aus Ungarn und meldete 1938 seine Erfindung dort an. Doch aufgrund der Judenverfolgung musste er sein Land verlassen und kam nach Argentinien. Hier meldete er seine Erfindung ein zweites Mal an.

WIE KANN MAN SICH VOR STRAHLUNG SCHÜTZEN?

Vor Sonnenstrahlung helfen Sonnencreme mit einem hohen Lichtschutzfaktor und ein Hut. Eine andere Art von Strahlung, die uns umgibt, ist der sogenannte „Elektrosmog". Er geht von elektrischen Geräten wie Smartphones oder Internetroutern aus. Gegen ihn hilft das Ausschalten der Geräte oder etwas Abstand, etwa über eine Freisprechanlage. Spezielle Geräte wie Abschirmmatten haben keine wissenschaftlich bestätigte Wirkung.

WAS KANN MAN GEGEN DÜRRE TUN?

Eine Dürre entsteht, wenn einer Gegend lange Zeit das Wasser fehlt. Dies geschieht meistens, wenn es zu wenig regnet. An manchen Stellen der Erde sind Dürren zu bestimmten Jahreszeiten normal. Dauern sie jedoch sehr lange oder kommen zu anderen Zeiten, ist das für die Pflanzen, Tiere und Menschen sehr gefährlich. Es ist darum gut, viel Grün anzupflanzen, da Pflanzen dafür sorgen, dass es nicht so heiß wird. Ganz wichtig ist es, Wasser zu sparen und etwa auf einen Pool oder Rasensprengen zu verzichten und nur das zu essen, was in einer bestimmten Jahreszeit in der Nähe wächst. Andere Ideen sind das Sammeln von Regenwasser und der Bau von Brunnen. Droht eine Dürre, müssen die Menschen rechtzeitig gewarnt werden und Trinkwasser bekommen.

WAS BEDEUTET HAUSAUTOMATION?

Hausautomation ist eine Technologie, mit der Häuser aus der Ferne gesteuert werden können: Lampen ein- und ausschalten, Heizung herunterdrehen, Fensterläden schließen oder das Haus bewachen. Das alles funktioniert automatisch, daher kommt das Wort „Automation". Wenn diese Technik das Internet benutzen kann, nennt man das „Smart Home".

WIRD MAN IRGENDWANN MIT EINEM FAHRSTUHL IN DEN WELTRAUM FAHREN KÖNNEN?

Vielleicht, zumindest hofft das ein japanisches Unternehmen. Es arbeitet an einem 96.000 Kilometer langen Kabel, das mit einer Raumstation verbunden ist. An diesem Kabel soll ein Aufzug hoch- und runterfahren. Das Projekt ist für 2050 geplant.

WIE DICK IST EINE GLASFASER OHNE SCHUTZHÜLLE?

Zwischen 50 und 100 Mikrometer. Das ist ungefähr so dick wie ein Haar.

WANN WIRD ES FAHRERLOSE TAXIS GEBEN?

Es gibt sie bereits. Die ersten fuhren im Stadtstaat Singapur los und auch in der amerikanischen Stadt San Francisco waren welche unterwegs. Dort wurden die Tests aber wegen zu vieler Unfälle beendet.

KANN MAN AUS PILZEN HÄUSER BAUEN?

Von Pilzen sieht man über der Erde nur den Fruchtkörper. Viel wichtiger ist aber das Wurzelwerk, der sogenannte „Mycel". Aus dem Mycel mancher Pilze lassen sich Bausteine herstellen. Dazu wird das Pilzgewebe mit Holzspänen und anderen Pflanzenresten wie Getreideschalen vermischt. Der Mycel ernährt sich von dem darin enthaltenen Zuckerstoff und es entsteht eine dichte, schwammartige Masse, die immer dichter wird und jede Form bekommen kann. Ist alles schön dicht, wird die Masse getrocknet, damit sie nicht weiter wächst. So können umweltfreundliche und feste Ziegel gemacht werden.

WAS IST „PLAY DXB"?

„Play DXB" ist ein Themenpark in dem Emirat Dubai.
Früher hieß er „VR Park Dubai". VR steht für
„Virtual Reality" oder auf Deutsch „virtuelle Realität".
Das ist eine von einem Computer erstellte künstliche
Welt, die die echte Welt ergänzt oder überdeckt.
Um sie nutzen zu können, muss man eine spezielle
Brille tragen. In dem Park Play DXB kann man
viele Spiele in virtuellen Welten spielen.

WAS IST DIE ANTIPODE?

Antipoden nennt man die Gebiete und Menschen, die
sich auf der Erde genau gegenüberliegen. Eine Firma
versucht, ein Flugzeug mit dem Namen „Antipode"
zu bauen, das normale Menschen in wenigen Minuten
an genau diese Gegenden bringen kann. Von der
amerikanischen Stadt New York bis zu der englischen
Stadt London soll es in nur elf Minuten gehen.
Ein normaler Flug dauert sieben Stunden. Diese Art
Flugzeug nennt man „Überschallflugzeug".
Die Antipode ist nicht das erste derartige Flugzeug.
Ab 1976 flog die britisch-französische Concorde
die Strecke in etwa drei Stunden. Aber die Tickets
waren viel zu teuer und im Jahr 2000 gab es
einen schlimmen Unfall, deshalb fliegt die Concorde
seit 2003 nicht mehr.

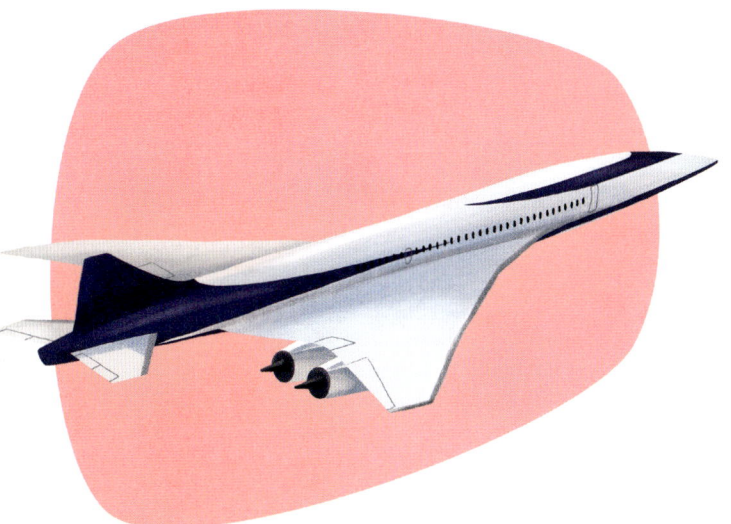

WAS KANN MAN MIT EINEM 3D-DRUCKER ALLES DRUCKEN?

Ziemlich viele Dinge, sogar Häuser und Lebensmittel –
es kommt ganz darauf an, welches Material zum
Drucken verwendet wird.

KANN MAN MIT FARBE STROM ERZEUGEN?

Solarfarbe ist eine Flüssigkeit, die bestimmte Eigen-
schaften hat, durch die sie Sonnenlicht aufnehmen
und in Strom verwandeln kann. Sie kann zudem im
Sommer Wärmestrahlen reflektieren, sodass es nicht
so heiß wird, und im Winter Wärme aufnehmen.

WAS IST KI?

KI steht für „Künstliche Intelligenz". Diese Systeme
ahmen das menschliche Gehirn nach und lernen dazu.
Dafür müssen sie Informationen bekommen,
die sie untersuchen und vergleichen können.
Wenn eine KI einen Fehler macht, kann sie daraus
lernen. Während Menschen jedoch viele
verschiedene Dinge können, kann eine KI meistens
nur eine Sache. In vielen Bereichen helfen KIs
im Alltag, sie zeigen etwa den richtigen Weg an
oder unterhalten sich per Chats. Eine Sorge ist,
dass KIs Menschen die Arbeitsplätze wegnehmen
könnten, aber Experten sagen, dass durch sie
auch neue Arbeiten entstehen werden.

INDEX

ISBN 978-3-7432-1785-0
1. Auflage 2025
Zuerst erschienen 2022 unter dem Originaltitel
Le Larousse des 500 pourquoi comment bei Larousse
Copyright © Larousse 2022
All rights reserved.
Für die deutschsprachige Ausgabe © 2025 Loewe Verlag GmbH,
Bühlstraße 4, D-95463 Bindlach
Aus dem Französischen übersetzt von Katharina Meyer
Text: Sophie de Mullenheim
Umschlag- und Innenillustrationen: Kristine Ortmeier
Umschlaggestaltung: Ramona Karl
Druck und Bindung:
Drukarnia Dimograf Sp. z o.o., ul. Legionów 83,
43-300 Bielsko-Biala, POLEN

www.loewe-verlag.de